Siła Odpuścić

7 Skutecznych Technik, Jak Przestać Za Dużo Myśleć o Przeszłości, Uzdrawiać Rany Emocjonalne i Cieszyć się Wolnością (którą Zasługujesz) bez Ruminacji

Logan Mind

Pobierz Swoją Darmową Książkę!..4

Jak Pobrać Swoje Dodatki 5

Inne Książki..7

Dołącz do mojego zespołu recenzentów!..9

Wprowadzenie...10

Rozdział 1: Podstawy odpuszczania..13

Rozdział 2: Podstawy uzdrawiania emocjonalnego..................................22

Rozdział 3: Dychotomia Kontroli..31

Rozdział 4: Opanowanie Świadomości Bez Osądzania 42

Rozdział 5: Sztuka Dystansowania się od Siebie.....................................53

Rozdział 6: Zerwanie łańcuchów negatywności 63

Rozdział 7: Nastawienie na rozwój 73

Rozdział 8: Uciszanie wewnętrznego krytyka..83

Rozdział 9: Od perfekcjonizmu do dążenia do doskonałości 93

Rozdział 10: Praktyka Nieprzywiązania 103

Rozdział 11: Przepisywanie negatywnych scenariuszy własnego życia 113

Rozdział 12: Podróż przebaczenia..124

Rozdział 13: Przyjmowanie perspektywy dla emocjonalnej wolności134

Na zakończenie 143

Inne książki 145

Pomocy! 147

Dołącz do mojego Zespołu Recenzentów! 148

Pobierz Swoją Darmową Książkę!

Jako wyraz **wdzięczności** za Twój zakup, oferuję Ci książkę „Inteligencja Emocjonalna dla Sukcesu Społecznego" całkowicie za darmo!

W tej **książce** znajdziesz mnóstwo cennych informacji:

- Skuteczne techniki zarządzania **emocjami**
- Sposoby na poprawę **komunikacji** międzyludzkiej
- Strategie radzenia sobie z trudnymi **sytuacjami**
- Rady na budowanie silnych **relacji**
- Narzędzia do zwiększenia **samoświadomości**

Jeśli chcesz podkręcić swoje umiejętności społeczne i nabrać więcej pewności siebie, to ta książka jest właśnie dla Ciebie! Nie przegap okazji, żeby zgarnąć ją za darmo.

Chcesz mieć natychmiastowy **dostęp**? Wskakuj na stronę:

https://pxl.to/loganmindfreebook

No na co jeszcze czekasz? **Pobierz** swoją darmową książkę już teraz!

Jak Pobrać Swoje Dodatki

Czasem sama lektura książki nie wystarcza, żeby zrealizować głęboko transformacyjne zmiany, jakich oczekujesz. Dlatego też mam dla ciebie specjalną możliwość jeszcze większej integracji wiedzy poprzez kilka **potężnych dodatków**, które przygotowałem tylko dla czytelników tej książki. Te dodatki to nie tylko same narzędzia, ale prawdziwe wsparcie w twojej drodze do emocjonalnej swobody i spokoju.

Poświęcenie czasu na **pobranie** i **korzystanie** z tych zasobów to inwestycja, która przyspieszy twoją **emocjonalną metamorfozę**. Niezależnie od tego, czy borykasz się z przytłaczającym stresem życia codziennego, stresem z przeszłości, czy potrzebujesz dodatkowych narzędzi do autentycznego poczucia wolności, te dodatki będą **zalążkiem** twojej przemiany.

Poniżej opisuję, co otrzymasz:

• 21-Dniowe Wyzwanie PDF: To wyzwanie krok po kroku pomoże ci wprowadzić w życie wszystkie kluczowe zasady książki. Każdy dzień przynosi nową refleksję lub ćwiczenie, które wzmocni techniki prezentowane w książce. (wartość 14.99$)

• 101+ Mantr na Uwolnienie Się od Emocjonalnego Bagażu: Ponad 101 specjalnie zaprojektowanych mantr, które wspomogą cię w codziennych zmaganiach. Te proste, lecz potężne afirmacje będą świetnym narzędziem w twoim **emocjonalnym odbudowaniu**.

• Nieodzowne Narzędzia do Regulacji Emocjonalnej: Sprawdzone techniki i metody, które pomogą ci zapanować nad swoimi emocjami w trudnych momentach (wartość 9.99$).

• Bonus: Inteligencja Emocjonalna dla Sukcesu Społecznego: Krok po kroku do wzmocnienia twojej inteligencji emocjonalnej jako kluczowej umiejętności w relacjach międzyludzkich (wartość 14.99$).

To nie tylko zapisane kartki, to plan działania. Czasami wystarczy jeden dodatkowy krok, żeby w pełni zrozumieć i **przetransformować** siebie. (**Link**)

Sprawdź dodatki tutaj:

https://pxl.to/7-tpolg-lm-extras

Inne Książki

Czytanie tej książki to świetny krok w kierunku poprawy Twojego życia emocjonalnego, ale jest wiele innych aspektów, które mogą przyczynić się do dalszego rozwoju Twojego **dobrostanu** i zadowolenia z życia. Czemu ograniczać się tylko do jednego tematu, skoro możesz poszerzać swoją wiedzę na tyle sposobów?

Napisałem kilka innych książek, które albo już zostały wydane, albo pojawią się niebawem, a każda z nich ma na celu pomóc Ci jeszcze głębiej zrozumieć i poprawić Twoją **emocjonalną równowagę**.

Emocjonalna Zwinność: Ta książka pomoże Ci w nieprzewidywalnych momentach życia, nauczy, jak sprawnie radzić sobie z niespodziankami, nadając Twojemu życiu większą **elastyczność**.

Syndrom Wypalenia Emocjonalnego: Często ignorujemy oznaki zmęczenia i wypalenia, co prowadzi do poważniejszych **problemów**. W tej książce znajdziesz skuteczne techniki radzenia sobie z wypaleniem oraz sposoby, jak unikać tego stanu w przyszłości.

Stabilność Emocjonalna: Zrozumienie, jak zachować emocjonalną stabilność w codziennym życiu, nie tylko chroni Twoją psychikę, ale także poprawia jakość Twoich relacji. Książka zawiera praktyczne porady, które łatwo wprowadzisz w życie.

Podniesienie swojej wiedzy na temat emocji może prowadzić do jeszcze większej **pewności siebie**, zdrowia psychicznego oraz ogólnej **radości** z życia. Aby sprawdzić moje pozostałe publikacje:

• Kliknij poniższy link

- Wybierz zakładkę "Wszystkie moje książki"

- Wybierz te, które najbardziej Cię zaciekawią

Jeśli chcesz się ze mną skontaktować, wszystkie informacje znajdziesz na końcu podanego linku.

Sprawdź wszystkie moje książki i kontakty tutaj:
https://pxl.to/LoganMind

Dołącz do mojego zespołu recenzentów!

Serdecznie **dziękuję** za przeczytanie mojej książki! Byłoby dla mnie ogromnym **wsparciem**, gdybyś dołączył do mojego Zespołu Recenzentów. Jeśli jesteś **miłośnikiem** książek, możesz zgarnąć darmową kopię mojej **powieści** w zamian za szczerą **opinię**. Twoje **spostrzeżenia** są dla mnie niezmiernie cenne i pomagają mi się rozwijać jako **autor**.

A oto jak możesz dołączyć do ARC teamu:

- Kliknij na link albo zeskanuj kod QR.

- Na stronie, która się otworzy, stuknij w okładkę książki.

- Wciśnij "Join Review Team".

- Zarejestruj się na BookSprout.

- Od tej pory będziesz dostawać **powiadomienia** za każdym razem, gdy wypuszczę nową książkę.

Sprawdź zespół tutaj:

https://pxl.to/loganmindteam

Wprowadzenie

Zdarzyło Ci się kiedykolwiek zbyt mocno **przeżywać** przeszłość, ciągle o niej rozmyślając i nie mogąc się od niej uwolnić? W tym właśnie pomaga ta książka. Wiesz, życie jest wystarczająco trudne, ale nie musisz stale utknąć w kręgu myśli o minionych wydarzeniach. W końcu nadszedł czas, żeby przestać **myśleć** o przeszłości i zacząć cieszyć się takim życiem, na jakie zasługujesz. To jest o wiele łatwiejsze do osiągnięcia, niż Ci się wydaje.

Pojawia się pytanie: dlaczego to wszystkie jest takie ważne? Dlaczego powinno Cię to tak przejmować? Założę się, że wiesz, jaka to **ulga** poczuć się wolnym od ciągłego obciążenia myślami i emocjami. Celem tej książki jest pomóc Ci właśnie w osiągnięciu tej wolności. Chcę, żebyś przestał się zamartwiać, przestał rozgrzebywać stare rany i zaczął oddychać pełną piersią. Rację miał Spinoza mówiąc, że "prawdziwa **wolność** polega na usunięciu emocji."

Jestem osobą, która przez lata badała ludzkie zachowanie i komunikację. W swojej pracy mam do czynienia z wieloma ludźmi z różnych środowisk i na różnych etapach życia. Początkowo pracowałem z małymi grupami, a potem ze starszym zarządem największych firm na całym świecie. Czy są to szefowie wielkich korporacji, artyści, czy zwykłe osoby szukające swojej drogi - wszyscy mamy wspólną cechę: pragniemy spokoju i radości, które wynikają z umiejętności **odpuszczania** przeszłości.

Książka, którą trzymasz teraz w rękach, to wynik moich doświadczeń i obserwacji. Nie jestem naukowcem zgłębiającym szczegóły teoretycznych modeli psychologicznych. Jestem kimś, kto widział, jak praktyczne techniki mogą zmieniać życie ludzi. W tej książce skupiłem się na siedmiu prostych technikach, które możesz zastosować w swoim codziennym życiu, aby osiągnąć emocjonalną wolność. Technikach, dzięki którym możesz rozpoznać własne wzorce przywiązań, uzdrowić emocjonalne rany i finalnie przestać rozmyślać i zacząć żyć pełnią życia.

Tak często tkwimy w pułapce negatywnych myśli i nie rozumiemy, jak bardzo nas to ogranicza. Może myślisz, że stale analizując przeszłość, masz większą nad nią kontrolę. Nic bardziej mylnego. Skupienie się na tym, co było, to jak wpatrywanie się w lusterko wsteczne podczas jazdy samochodem; możesz jechać tylko naprzód, jeśli patrzysz przed siebie. Często to przeszłość powoduje, że ciągle przemyślamy i zatwarzamy się emocjonalnymi ranami.

Pomyśl o tym - jakby wyglądało Twoje życie, gdybyś nareszcie mógł przestać o wszystko się **zamartwiać**? Uważa się, że puszczenie kontroli to akt odwagi. Wiem, że nie zawsze jest łatwo - w końcu nie oszukujmy się, ludzie są stworzeniami przywiązanymi do swoich emocji. Ale uwolnienie tych emocji jest esencją zdrowia psychicznego. Nawet jeżeli początkowo wydaje się to być krokiem w nieznane, wiem, że osiągnięcie takiej wolności jest jak najbardziej możliwe.

Wiem, że niektórym z Was może się to wydać trudne i trochę przerażające. Ktoś powie, że "łatwiej powiedzieć niż zrobić". Ale pomyśl, jak wiele zyskasz. Z własnego doświadczenia wiem, że te proste techniki pomagają, i mam silne przekonanie, że kiedy zaczniesz je stosować, odczujesz realną zmianę. Możliwe, że na początku spróbowanie tych metod będzie jak pewnego rodzaju wyzwanie, ale gwarantuję, że w dalszej perspektywie skutki będą czymś lepszym niż możesz sobie wyobrazić.

Na koniec, chciałbym powiedzieć Ci jedno - zasługujesz na wolność i spokój. Ciągłe zadręczanie się przeszłością to strata, która nie daje Ci cieszyć się potencjałem teraźniejszości i przyszłości. W ten sposób możesz zmniejszyć ból emocjonalny i zwiększyć swoją **witalność**. Poprzez przestoje w myśleniu, poprzez techniki uzdrawiające emocje, masz przy sobie narzędzia do prowadzenia życia, które zawsze było Twoim udziałem.

Jeśli czytasz to teraz, to znaczy, że tkwisz w miejscu, które wymaga zmiany. I to jest już pierwszy krok. Czeka Cię podróż odkrywania siebie na nowo, redefiniowania narracji swojego życia i rozpoznawania, że rany przeszłości wcale nie muszą Cię trzymać w niewoli. To nowe spojrzenie stanie się rzeczywistością, którą tworzysz samodzielnie.

Zapraszam Cię do tej przygody. Czeka na Ciebie prawdziwa wolność, daleka od ruminacji przeszłości, a tym, co możesz osiągnąć, są życie pełne spokoju i radości. Teraz jest czas, żeby to zrobić! Razem znajdziemy drogę do tego, żeby cieszyć się życiem i być naprawdę **wolnym**.

Rozdział 1: Podstawy odpuszczania

Czy kiedykolwiek **zastanawiałeś** się, jak wiele z twojego obecnego życia zależy od przeszłości, której nie potrafisz się pozbyć? Myślałem nad tym długo i doszedłem do wniosku, że **uwolnienie** się od starego ciężaru to klucz do wolności. W tej chwili jesteś na początku czegoś naprawdę istotnego – mogę ci to obiecać.

Wyobraź sobie, że zaczynasz **odkrywać** nowe przestrzenie w sobie, o których wcześniej nie miałeś pojęcia. Z każdym krokiem, który podejmujesz w tej podróży, będziesz bliżej prawdziwego **zrozumienia** samego siebie. Czułeś kiedyś, że nie możesz ruszyć naprzód, bo coś trzyma cię w miejscu? Ten rozdział pomoże ci znaleźć źródło tych ciężarów.

Mam nadzieję, że **rozpoznawanie** własnych wzorców przywiązania przyniesie ci ulgę. Rany, ile razy w kółko powtarzamy te same błędy, nie zdając sobie sprawy z ich korzeni. **Emocje**, które odgrywają swoją rolę w tym procesie, bywają trudne, ale jest w tym jedna ważna prawda – można nad nimi zapanować.

Czasami zdarza się, że ciągłe **myślenie** zapętli się w twojej głowie, nie dając wytchnienia. Ale i z tym można sobie poradzić. Poświęcimy chwilę na poznanie tego mechanizmu.

Już czuję, że razem odkryjemy rzeczy, które zmienią sposób, w jaki postrzegasz siebie i świat. Czeka na ciebie wyjątkowa **przygoda** wesołej natury. Przeczytaj ten rozdział i daj się poprowadzić ku nowym, fascynującym perspektywom.

Psychologiczne Aspekty Uwolnienia się od Przeszłości

Mówiąc o procesach poznawczych związanych z trzymaniem się przeszłości, warto zwrócić uwagę, jak **umysł** ma skłonność do ruminacji. Kiedy ciągle wracasz do tych samych wydarzeń, twój mózg jest jak płyta gramofonowa zatrzymująca się na jednym miejscu. Nie pozwalasz mu się posunąć naprzód, utknąłeś. To z kolei wpływa na twoje zdrowie psychiczne, prowadząc do depresji i lęków.

Przyleganie do przeszłych **doświadczeń** steruje twoją psychiką. Pamiętasz te chwile, gdy nie mogłeś przestać myśleć o czymś przykrym, co wydarzyło się lata temu? Ten mechanizm potrafi siać zniszczenie -- powoduje dużo niepotrzebnego stresu. Co gorsza, może uniemożliwiać korzystanie z chwili obecnej. Czujesz, że przeszłość ci ciąży i wydaje się prawie niemożliwa do przezwyciężenia. Ale na szczęście – umysł jest plastyczny.

Mówimy tutaj o **neuroplastyczności** -- umiejętności mózgu do przekształcania wzorców myślowych. Wyobraź sobie, że twój mózg jest jak komputer, który może przekonfigurować swoje programy. Możesz "przeprogramować" te ścieżki, by nie zwracać się ciągle do przeszłych negatywów. Jeśli kiedykolwiek próbowałeś zmienić nawyk, wiesz, przez co mówię. Gdy praktykujesz nowe wzorce myślowe, stare stają się coraz słabsze i mniej istotne.

Jest w tym trochę **pracy**, ale spójrz na korzyści psychologiczne. Pozbycie się starych przyzwyczajeń to jak oczyszczenie zatłoczonego strychu. Nagle taka ulga – lepiej regulujesz swoje **emocje**, mniej się martwisz. Kiedy nie jesteś uwiązany dawnymi przeżyciami, czujesz swobodę. Uwalniasz energię na rzeczy, które naprawdę mają znaczenie, na przykład nawiązywanie nowych relacji, rozwijanie pasji. Zmniejsza się twój stres, poprawia się nastrój - mniej zmartwień o to, czego już nie można zmienić.

Czytałeś o tym momencie olśnienia? To taki moment, gdy uświadamiasz sobie, że przeszłość nie ma nad tobą już takiej władzy. To uczucie nowej **perspektywy**, która przynosi jakby ogrom ulgi. Nic, co wydarzyło się przed laty, nie kontroluje już tego, kim jesteś dzisiaj. Pozostawia cię to bardziej zrównoważonym, gotowym stawiać czoła rzeczom, gdy powstają.

Oczywiście nie ma jednej właściwej metody na uwolnienie się od przeszłości. Każdy człowiek ma swoją **ścieżkę**, swoje momenty eureka -- swoją historię. Nie trać jednak ducha. Początki są trudne, ale w miarę postępów odkrywasz, że warto podjąć ten wysiłek. Początkowe kroki mogą być mozolne, ale moment, gdy zaczynasz czuć luz, jest opłacalny.

Więc gdy zrzucasz z siebie brzemiona przeszłości, tworzysz miejsce na nowe **doświadczenia**. Teraz twoje życie jest bardziej pełne i w ten sposób dojdziesz do celu, choć kto powiedział, że to proste...!

Identyfikacja wzorców przywiązania

Musisz wiedzieć trochę o teorii przywiązania. To **koncepcja**, która mówi o tym, jak nasze wczesne doświadczenia z opiekunami wpływają na naszą zdolność tworzenia trwałych i zdrowych relacji w dorosłym życiu. Aha, to właśnie tam zaczynają się wszystkie wzorce przywiązania. Jeśli masz trudności z odpuszczaniem przeszłości, może to wynikać z tego, jak nauczyłeś się reagować emocjonalnie na innych ludzi już w dzieciństwie.

Masz kilka **stylów** przywiązania. Pierwszy to przywiązanie bezpieczne. Osoby z tym stylem czują się komfortowo, gdy są blisko innych. Nie boją się być same i potrafią też dobrze się rozstać. Przy takim przywiązaniu z łatwością możesz odpuścić stare urazy.

Następnie mamy przywiązanie lękowo-unikające. Takie osoby boją się bliskości i mają problemy z nerwami, gdy ktoś zbliża się zbyt blisko. W efekcie mogą często izolować się emocjonalnie. To utrudnia im odpuszczenie przeszłości, bo ciągle wracają do swoich ran i nie szukają pomocy.

Przywiązanie ambiwalentne to osoby, które często doświadczają niepewności i lęku w **relacjach**. Fajnie by było mieć bliskie relacje, ale one są też źródłem niepokoju. Takie osoby przejawiają tendencję do przelotnego wycofywania się i potem znowu lgnienia do kogoś. Przeszłe doświadczenia są tu ciągle przypominane, bo ambiwalentni partnerzy nie pozwalają sobie na pełne odpuszczenie.

Wreszcie przywiązanie zdezorganizowane. Osoby z tym stylem doświadczyły **traumy** lub były świadkami zachowań pełnych sprzeczności. Ciężko jest im uciec przed przeszłością, bo często zmagają się z chaotycznymi myślami i uczuciami. Odpuszczanie dla nich jest jak próba ujarzmienia burzy.

Teraz, jak to wpływa na rozwój i relacje? Niezdrowe wzorce przywiązania mogą naprawdę utrudniać codzienne życie. Mówimy o trudnościach w zaufaniu innym, tworzeniu odwzajemnionych i zdrowych relacji, a nawet w samorealizacji. Czujesz się, jakbyś nosił wokół worek pełen starych uraz – ciężki, bolesny i niepotrzebny.

Wskaźniki tego, że masz niezdrowy wzór przywiązania, mogą być wszelkiego rodzaju. Czujesz lęk, kiedy ktoś stara się być blisko? Albo może odpychasz ludzi, zanim zdołasz się z nimi zbliżyć? No i te ciągłe myśli o tym, co było, co mogłeś zrobić inaczej... To wszystko znaki, że coś jest nie tak.

Więc co z tym zrobić? Zmienianie wzorców zaczyna się od ich zrozumienia. Zobacz, jak reagujesz na różne **sytuacje**. Czy unikasz konfrontacji emocjonalnej? Czy czujesz się zdeterminowany, by trzymać urazy i bóle dawnych czasów na powierzchni?

Rozpoznanie tych wzorców to pierwszy krok. Dlatego ważne jest, aby świadomie obserwować swoje reakcje. Czy zauważasz, że często reagujesz w sposób automatyczny, który prowadzi do odpychania bliskich relacji? Pamiętaj, że to naturalne, jeśli wyrosłeś w określonym środowisku, ale zrozumienie tego może naprawdę pomóc w przełamywaniu tych barier.

W dalszych rozdziałach skupimy się na **strategiach**, które będą korzystać z tej świadomości do wypracowania nowych, zdrowych nawyków emocjonalnych. Ale ten pierwszy krok – identyfikacja – jest kluczowy. Dzięki temu, co wiesz o swojej przeszłości, możesz zacząć poruszać się w kierunku balansu i uwolnienia się od tych obciążeń emocjonalnych. Więcej o tym w następnych częściach książki.

Rola emocji w procesie odpuszczania

Emocje są jak małe **drogowskazy**. Mogą ci powiedzieć, kiedy coś jest nie tak – czy to strach, smutek, czy złość. Ale też mogą pomóc w **odpuszczaniu**.

Wyobraź sobie, że emocje pokazują ci drogę. Kiedy jesz lody i czujesz się szczęśliwy, to jest ścieżka, którą chcesz podążać. Ale co z przeszłością? To trochę trudniejsze, bo emocje z dawnych doświadczeń mają tendencję do powracania i gnębienia cię na nowo.

Teraz pojawia się inteligencja **emocjonalna**. To umiejętność rozpoznawania i rozumienia swoich uczuć. Gadka z samym sobą, żeby odkryć, co naprawdę czujesz. Może być pomocna, kiedy próbujesz przetrawić stare urazy. Gdy coś przypomina ci przeszłość, możesz zadać sobie pytanie: „Czemu czuję to teraz?" Pomaga to ogarnąć, czy to coś, co chcesz zatrzymać, czy lepiej puścić.

Zarządzanie emocjami to kolejny element, który łączy się z procesem odpuszczania. Przypomina to trochę trzymanie steru łodzi. Sterując emocjami, trzymasz kurs i jesteś mniej podatny na wyrzuty przeszłości. Masz smutne wspomnienie? Pozwól sobie poczuć ten smutek, ale bez zanurzania się w nim. Taka regulacja pomaga w pozbywaniu się negatywnych emocji.

Często emocje przeszkadzają w odpuszczaniu, bo przypominają nam o bólu. Ale kiedy rozumiesz, co czujesz, i umiesz kontrolować te uczucia, stają się one mniejsze i łatwiejsze do puszczenia. A tak naprawdę, puszczenie tego co złe, to na koniec dnia najważniejsze, nie?

Emocjonalna inteligencja pomaga w tym, sprawiając, że reakcje stają się przemyślane. Nie tylko ułatwia to radzenie sobie z dzisiejszymi problemami, ale też umożliwia odpuszczenie starych. Często się mówi, że czas goi rany. To prawda – upływ czasu przynosi odrobinę dystansu i pozwala emocjom trochę opaść. W tym czasie możesz wykorzystać swoją inteligencję emocjonalną, aby zrozumieć, co się naprawdę stało i dlaczego. To zrozumienie kształtuje nowe perspektywy, które są kluczowe w odpuszczaniu.

Weź na przykład **spięcie** w pracy, które miało miejsce rok temu. Wracasz do niego myślami i ciągle czujesz złość. Może inteligencja emocjonalna podpowie ci, że twoja reakcja była wywołana bardziej przez zmęczenie niż rzeczywisty problem. Nachodzi cię refleksja, przetwarzasz emocje, dochodzisz do wniosku... można to odpuścić. Pamiętasz, zapominasz – jesteś wolny.

Kontrolowanie emocji to narzędzie, które pomaga w przechodzeniu przez takie przeżycia. Kiedyś negatywna perspektywa z czasem zamienia się w bardziej neutralną. Ten proces to trochę jak trening mięśni, kształtujący umiejętność puszczania, odpuszczania uczuć.

Prawdziwa siła w odpuszczaniu leży w równowadze – akceptowaniu emocji, bez zanurzania się w nich. Chodzi o rozwijanie swojej **machiny** inteligencji emocjonalnej tak, aby złe chwile przepłynęły przez ciebie, nie przyczepiając się na stałe.

Rozpoznawanie nadmiernego myślenia i ruminacji

Zacznijmy od tego, że **refleksja** sama w sobie nie jest niczym złym. Zdrowa refleksja to moment, kiedy analizujesz sytuację, wyciągasz wnioski i na tym kończysz. Daje ci to szansę na naukę i rozwój, ale potem idziesz dalej. Z kolei **nadmierne myślenie** zatrzymuje cię w miejscu, prowadzi do ciągłego analizowania, bez wyjścia z tej pętli myślenia. **Ruminacja** jest skrajnie szkodliwa, bo wciąż powracasz do tych samych, często negatywnych myśli, nie mogąc od nich uciec.

Jakie mechanizmy poznawcze napędzają te powtarzające się wzorce myślowe? Przede wszystkim twój mózg jest zaprogramowany do szukania zagrożeń i problemów. Kiedy stykasz się z trudną sytuacją, twój umysł próbuje ją przetworzyć, zrozumieć i znaleźć rozwiązanie. Problem pojawia się wtedy, gdy wydaje się, że rozwiązania nie ma, ale twój umysł nadal przetwarza te same informacje w kółko. Dotyczy to zwłaszcza ciebie, jeśli masz tendencje do analizy i chcesz wszystko zrozumieć od razu. Podobnie, negatywne schematy myślowe mogą się utwierdzić, gdy raz po raz myślisz o tym samym, doprowadzając do utwalenia szlaku neuronalnego w mózgu. Im dłużej o czymś **myślisz**, tym łatwiej jest tam wrócić. To trochę jak znana trasa, po której często jeździsz - nie musisz wiele myśleć, żeby odnaleźć drogę, ona po prostu jest już w twojej głowie.

Idąc dalej, warto się zastanowić, jak chroniczna ruminacja wpływa na **zdrowie psychiczne** i ogólny stan zdrowia. Powtarzające się negatywne myśli zwiększają poziom stresu, a stres jest znanym czynnikiem ryzyka dla wielu problemów zdrowotnych. Faza „walcz lub uciekaj" jest włączana coraz częściej, co przeważnie skutkuje podwyższonym ciśnieniem krwi, problemami z sercem oraz tłumieniem systemu immunologicznego. Na poziomie psychologicznym skutki ruminacji potrafią być równie katastrofalne. Możesz czuć się przygłuszony przez te myśli, mieć problemy z koncentracją, a nawet doświadczyć stanów depresyjnych.

Nie można też zapominać o tym, jak ruminacja wpływa na twoje codzienne życie. Strach przed przyszłością, natrętne myśli o przeszłości - te wszystkie czynności utrudniają normalne **funkcjonowanie**. Mogłeś zauważyć, że unikasz pewnych sytuacji, bo kojarzą ci się z myślami, których nie chcesz mieć. To prowadzi do izolacji i obniżenia jakości życia. Przygniatająca chmura myśli może zniechęcać cię do podejmowania działań, które mogłyby poprawić twoją sytuację. Prowadzi to do błędnego koła, gdzie im bardziej unikasz rzeczy, tym bardziej zanurzasz się w myśleniu o nich, aż w końcu tracisz **kontrolę** nad swoim życiem.

Przechodząc więc przez te etapy, zaczynasz dostrzegać, jak ważne jest przerwanie tego cyklu. Uświadomienie sobie, czym są zdrowa refleksja i ruminacja, to pierwszy krok do odzyskania kontroli nad swoim myśleniem. Jasne, że nabierze to czasu i pracy, ale **zrozumienie**, co dzieje się w twojej głowie, jest fundamentem do zmiany. Więc zacznij od małych kroków, bo każdy z nas zasługuje na wolność od natrętnych myśli.

Podsumowując

W tej części **omówiliśmy** podstawowe aspekty umiejętności odpuszczania. Rozważałeś, jak Twoje **stany emocjonalne** wpływają na życie oraz poznałeś **techniki**, które pomagają w pokonywaniu myśli o przeszłości. Skupiliśmy się również na zmianach, jakie **neuroplastyczność** mózgu może wywołać, gdy uczysz się nowych wzorców myślenia. Oto najważniejsze wnioski:

- **Rola emocji:** Zobaczyłeś, jak emocje działają jako sygnały i mogą zarówno hamować, jak i wspomagać proces odpuszczania.

- Styl przywiązania: Zapoznałeś się z teorią przywiązania i dowiedziałeś się, jak różne style mogą wpływać na Twoją zdolność do odpuszczania emocjonalnego bagażu.

- Rozpoznawanie wzorców przywiązania: Nauczyłeś się identyfikować wskaźniki niezdrowych wzorców przywiązania oraz ich wpływ na Twój rozwój osobisty i relacje.

- **Rumacja:** Zrozumiałeś różnicę między zdrowym refleksyjnym myśleniem a szkodliwą nadmierną analizą oraz jej negatywne skutki.

- Mechanizmy poznawcze: Rozważyłeś, jak procesy poznawcze, takie jak neuroplastyczność, mogą pomóc Ci przeprogramować wzorce myślowe i uwolnić się od przeszłości.

Dzięki **wiedzy** zdobytej w tej części możesz lepiej zrozumieć siebie i rozpocząć proces uwalniania się od minionych **doświadczeń**. Ćwicz nowe praktyki i **spostrzeżenia**, aby skorzystać z tych narzędzi, i miej na uwadze, że każdy krok w stronę zdrowia emocjonalnego to ważny krok ku lepszemu jutru.

Rozdział 2: Podstawy uzdrawiania emocjonalnego

Czy kiedykolwiek czułeś, że twoje **emocje** gromadzą się jak ciężar, który narasta z czasem? Ja też miałem takie chwile. Ale wiesz co? Spotkaliśmy się tutaj, bo chcesz coś zmienić. Ten fragment książki, który zaraz przeczytasz, ma na celu rozbudzić twoją **ciekawość** i zainspirować cię do dalszej lektury.

Co cię więc czeka? Myślę, że ta lektura otworzy ci oczy na ważne aspekty związane ze zdolnością rozpoznawania własnych **uczuć**. Przede wszystkim, dowiesz się, dlaczego warto zauważać i rozumieć swoje emocje. Zastanawiałeś się kiedyś, jak niewyjaśnione sytuacje z **przeszłości** mogą na ciebie wpływać? Zgłębimy to bardziej w tej części. Może cię zaskoczyć, jak mocno wiąże się to z twoim codziennym życiem.

Ale to nie wszystko. Pogadamy też o sile, jaką daje **samoakceptacja**. Wytłumaczę ci, jak szukanie wewnętrznej czułości może pomóc się podnieść, gdy wszystko inne zawodzi. Czy znajdziesz chwilę, by wsłuchać się we własne **ciało** i umysł? Ta więź między nimi może być kluczem do lepszego **zrozumienia** siebie.

Zaciekawiony? No to chodź, przewróć stronę i zobacz, jak to wszystko może stać się częścią twojego **świata**.

Inteligencja emocjonalna i samoświadomość

Więc stoisz w obliczu problemu z otwartym umysłem. To już połowa sukcesu. Zrozumienie, czym jest **inteligencja emocjonalna**, pomaga ci pojąć, jak wspomaga ona zarządzanie twoimi emocjami. Można to podzielić na kilka głównych elementów. Jeśli umiesz rozpoznawać emocje – zarówno swoje, jak i innych – masz już jedną nogę na przysłowiowym mostku. Samoakceptacja zasługuje na medal.

Kiedy mówimy o zarządzaniu emocjami, mamy na myśli umiejętność ich kontrolowania, łagodząc lub wzmacniając je w zależności od sytuacji. To jak pilotowanie samolotu – maszyny emocji. Bycie **empatycznym** działa jak radar – wyczuwasz nastrój i uczucia innych, co pozwala na budowanie głębszych relacji. W końcu dochodzisz do uzyskiwania wpływu na relacje – mistrzowskie zarządzanie relacjami z ludźmi wokół ciebie to sztuka, którą warto opanować.

Skoro poznałeś podstawowe elementy, przeskakujemy do **samoświadomości**. To jak umysłowe lustro – pozwala ci dostrzegać własne myśli i uczucia, szczególnie w czasach kryzysów. Czujesz, jak pomaga ci akceptować swoje słabości i mocne strony. Tam, w głębi siebie, dokonujesz "rachunku sumienia". Stopniowo uczysz się rozpoznawać wzorce zachowań, które kierowały tobą przy trudnych doświadczeniach.

A gdy już stałeś się bardziej **świadomy** siebie, rozpoznawanie własnych emocji staje się jak drugi oddech. Nie przegapisz, jak coś skręca ci w brzuchu albo napiera na serce. Dopiero wtedy rada nadzorcza emocji śmiało zatwierdza odpowiednie traumy i rany. To trochę jak łatanie starych dziur na zasłonie życia. Uświadamiasz sobie, skąd pochodzą te emocjonalne zadraśnięcia, a co najważniejsze – zaczynasz szukać sposobu na ich uzdrowienie.

Kiedy natomiast pojawiają się skomplikowane procesy emocjonalne, inteligencja emocjonalna jest jak dobry **przewodnik** w labiryncie. Pomaga ci obrać właściwy kierunek. Wiedząc, co czujesz i dlaczego, stajesz się bardziej odporny na zawirowania emocji. To taka tarcza chroniąca przed kolejnymi rozczarowaniami czy gniewem. Bo prawda jest taka: wszyscy przeżywamy wzloty i upadki. Nic w tym dziwnego.

Zatem, widząc siebie w graniu, radzisz sobie lepiej z **chaosem** w sercu. Uważność sprawia, że szybciej odzyskujesz harmonię. Chodzi o to, by odnalazły się nutki spokoju po burzy. Kiedy rozumiesz, że rany bywają etapem zapomnienia, zaczynasz je traktować z większą czułością. Może od czasu do czasu trzeba odpocząć od analiz, żeby truizm dnia dzisiejszego nie przeciągnął cię na ciemną stronę.

Podsumowując, dobrze jest zacząć od inteligencji emocjonalnej i samoświadomości. Tak ćwiczysz umysł, aby lepiej radził sobie z **emocjami**. To jak układanie puzzli o skomplikowanych kształtach – im dalej w las, tym lepsza staje się ta ulotna mieszanka solidarności i samowystarczalności. Więc dojmuje sercu i pozwala ci być bardziej zrozumiałym sobą.

Wpływ Nierozwiązanych Doświadczeń

Nierozwiązane doświadczenia emocjonalne mogą okazać się olbrzymim **ciężarem**. Możesz sobie nawet nie zdawać sprawy, jak te przeszłe zdarzenia wpływają na twoją codzienność. To jak noszenie plecaka pełnego kamieni—każdy niewyrzucony kamień to symbol twojej niełatwej przeszłości.

Te nierozwiązane kwestie mogą tworzyć trwałe efekty psychologiczne. Czujesz to, prawda? Te **uczucia** mogą pojawiać się w najgorszych momentach—podczas rozmów z bliskimi, w pracy, a nawet w czasie odpoczynku. Czasem nawet najmniejszy bodziec, jak zapach czy melodia, może wywołać falę wspomnień. Wyraźnie widać, że te nierozwiązane doświadczenia są jak ukryte miny na polu emocji. Możesz iść przez życie jak przez pole minowe, starając się nie nadepnąć na żadną z nich, ale one ciągle tam są, gotowe do wybuchu.

Pamięć emocjonalna pełni tutaj ogromną rolę. To dlatego, że twój mózg jest mistrzem, jeśli chodzi o przechowywanie tych negatywnych emocji. Raz zapisane doświadczenie emocjonalne może zostać z tobą na zawsze—chyba że coś z tym zrobisz. Powrót do wspomnień pełnych bólu to jak ponowne przeżywanie tej samej **traumy**. I to nie żadne drobiazgi—zwyczajne rozmowy mogą cię wyprowadzić z równowagi, sprawić, że czujesz się bezsilny i przygnębiony.

Pozostawienie ran emocjonalnych bez rozwiązania niesie za sobą poważne **konsekwencje**. W krótszym okresie może ci się wydawać, że jesteś w stanie to zignorować. Ale na dłuższą metę? Może to prowadzić do stanów takich jak lęk, depresja i chroniczny stres. Dłużej nosząc te rany, zaczniesz odczuwać ich wpływ na zdrowie fizyczne. To jak ciągłe życie w stanie napięcia, które zabiera siłę i chęć do życia.

Możesz zmagać się z problemami ze snem, mając lepki umysł pełen tych niezamkniętych rozdziałów. Możesz też zacząć zaniedbywać bliskie relacje, niekiedy bez wyraźniejszego powodu. Skutek? Izolacja i uczucie bycia niezrozumianym.

Ale czym właściwie jest to zmaganie się? Może to być trudność w przebaczeniu komuś lub sobie—czyli trwanie w złości i frustracji. Może być to również unikanie pewnych miejsc czy osób, żeby uniknąć "powrotu" do tych dawnych wspomnień. Zrozumienie, jak bardzo nierozwiązane emocje wpływają na twój dzień dzisiejszy, jest pierwszym krokiem do poprawy twojego stanu psychicznego.

Co jest **antidotum**? Na pewno nie zamknięcie się na te sprawy. Praca nad przeszłością jest procesem i musi być realizowana krok po kroku. Zacznij od otwarcia się na siebie i spojrzenia w głąb tego, co tkwi głęboko. Czasem mały krok w stronę zrozumienia swoich uczuć wywołuje duże zmiany.

Przyjacielskie odniesienie, **terapia**, albo nawet samodzielna kontemplacja nad uczuciami mogą zdziałać cuda. Gdy zaczniesz uwalniać się od tych ciężarów, poczujesz niesamowitą ulgę. Ale to trudna ścieżka i wymaga odwagi. Bo każda wielka rzeka, która znajduje krok po kroku drogę do ujścia, zaczyna się od jednej kropli...

Więc może warto zanurzyć się w swoje wnętrze i zakończyć te stare rozdziały? Jesteś w stanie znaleźć **szczęście** na nowo, podnosząc się z każdą radością i chwilą satysfakcji. Jest to wolność, na którą zasługujesz.

Budowanie Odporności Psychicznej Poprzez Samowspółczucie

Samowspółczucie. Co to właściwie znaczy? Mogłoby się wydawać, że chodzi o bycie troskliwym wobec siebie, ale to tylko część prawdy. To **sztuka** bycia dobrym dla siebie, nawet gdy popełnisz błąd czy zmagasz się z trudnymi emocjami. Dzięki niemu uczysz się radzić sobie z trudnościami i stajesz się bardziej silny emocjonalnie. Samowspółczucie działa jak niewidzialna tarcza, która chroni twoje serce przed ciosami życia.

Jednym z głównych elementów jest **życzliwość** wobec siebie. Zamiast biczować się za błędy, zachęcasz się do wybaczenia i zrozumienia. Kiedy popełnisz gafę, co myślisz? "Jestem taki głupi" czy może "może to mogło pójść lepiej, ale to ludzka rzecz się mylić"? Jeśli masz tę drugą myśl, jesteś na dobrej drodze. Chodzi o to, by mówić do siebie jak do najlepszego przyjaciela, a nie największego krytyka. To jak regularne dawanie sobie miłego uścisku.

Nastał czas na wspólne **człowieczeństwo**. Samowspółczucie to świadomość, że nie jesteś sam w cierpieniu. Każdy przechodzi przez swoje trudności. Kiedy coś idzie nie tak, możesz łatwo wpaść w pułapkę myślenia, że tylko ty przez to przechodzisz. To jednak nieprawda. Każdy, serio każdy, czasami zmaga się z problemami. Wspólne cierpienie tworzy więź, która prowadzi do uzdrowienia. Zdajesz sobie sprawę, że nie jesteś osamotniony w swoich lękach i smutku.

Ostatni składnik to **uważność**, czyli bycie tu i teraz. Czujesz, kiedy twoje myśli grają na tamburynach w twojej głowie non-stop? Uważność pozwala ci je zauważyć, ale bez oceniania. Jest to jak obserwowanie chmur na niebie – jedne są ciemne, inne jasne, ale wszystkie przeminą. To umożliwia zrozumienie emocji, ale ich nie nagromadzanie. Uważność sprawia, że możesz odrzucić stałe powracanie do przeszłości i pozwala skupić się na teraźniejszości.

Korzyści z samowspółczucia są ogromne. Dzięki niemu dojrzewasz, uczysz się dystansu wobec trudnych sytuacji i zyskujesz emocjonalne zdrowie. Myślisz, że to brzmi nierealnie? Samowspółczucie zmniejsza poziom stresu – a wszyscy wiemy, jak stres może zrujnować dzień i zdrowie. Daje ci psychiczny spokój. Pomyśl tylko, jak wspaniale, że potrafisz wybaczyć sobie i iść naprzód!

Stosowanie samowspółczucia sprawia, że stajesz się zdrowszym człowiekiem. Jak? Działa to trochę jak magiczna różdżka, która łagodzi twoje cierpienia emocjonalne. Pozwala ci przeżywać smutek, ale również znaleźć w tym nauki i siłę. To jakby kłaść plaster na ranę – ból nie zniknie od razu, ale na pewno szybciej ci się zagoi.

Droga do emocjonalnego **uzdrowienia** i rozwoju osobistego jest wyboista. Ale jeśli nauczysz się kochać siebie, być świadomym swoich emocji i zobaczysz, że inni mają podobne problemy, wszystko stanie się prostsze. Spróbuj i zobaczysz, jak wiele to zmieni w twoim życiu. Powodzenia!

Związek między umysłem a ciałem

Dobra, na pewno znasz to **uczucie**, gdy stres albo silne emocje odbijają się na twoim ciele. To nie przypadek – twoje ciało i **umysł** są ze sobą ściśle powiązane. Ten związek jest niezwykle ważny, gdy myślisz o emocjonalnym uzdrawianiu. Często zapominasz, że twoje emocje wpływają na ciało, tak samo jak twój stan fizyczny wpływa na twój umysł.

Na przykład, gdy jesteś **zestresowany**, twój organizm reaguje od razu. Na pewno kojarzysz to uczucie, gdy serce bije szybciej, oddech staje się płytki, a mięśnie się napinają. To część reakcji "walcz albo uciekaj", którą organizm odpala w odpowiedzi na zagrożenie. Choć kiedyś miała nas ratować przed drapieżnikami, dziś często włącza się przez codzienne stresory, jak problemy w robocie czy kłótnie z bliskimi.

Co się dzieje z ciałem, gdy jest w tym trybie? Poza szybszym tętnem i oddechem, możesz doświadczyć podwyższonego ciśnienia krwi, pocenia się, a czasem nawet problemów z trawieniem. Długotrwały **stres** może prowadzić do chronicznych stanów, takich jak wysokie ciśnienie krwi, problemy z sercem czy schorzenia żołądkowe.

Ale to nie wszystko. Ciągły stres może też wpływać na twoje zdrowie psychiczne, prowadząc do depresji, stanów lękowych czy bezsenności. Mogłoby ci się wydawać, że to tylko problem "głowy", ale tak naprawdę stres ma wpływ na cały twój organizm.

Warto wrócić do tego, jak dobre samopoczucie fizyczne wpływa na emocjonalne uzdrawianie. Dbanie o ciało może być kluczem do regeneracji emocjonalnej. Gdy ćwiczysz, jesz zdrowo lub odpoczywasz, pomagasz sobie radzić nie tylko z fizycznym obciążeniem, ale również redukujesz **stres**. Wydzielają się endorfiny, które wspomagają twój mózg i nastrój.

Widzisz, jak to działa w dwie strony? Zdrowe ciało pomaga uzyskać zdrowy umysł, a zdrowy umysł umożliwia ciału prawidłowe funkcjonowanie. Nawet małe zmiany, takie jak regularne spacery, **medytacja**, dobre nawyki żywieniowe, mogą zrobić wielką różnicę.

A wracając do uzdrawiania emocjonalnego, dobrze zrozumieć, że nie da się oddzielić umysłu od ciała. Jeśli chcesz leczyć **traumę** czy trudne doświadczenia z przeszłości, musisz dbać o siebie także fizycznie. Musisz uświadomić sobie swoje emocje, ale również zatroszczyć się o swoje ciało, bo te dwie sfery są nierozerwalne.

Podsumowując, warto zadbać o równowagę między zdrowiem fizycznym a emocjonalnym. Może się wydawać proste, ale zdrowe nawyki dnia codziennego mają ogromny wpływ na twoje samopoczucie. Więc dbaj o siebie kompleksowo – nie zapominaj o ćwiczeniach, dobrej **diecie** i odpowiednim odpoczynku. Bez tego bardzo trudno osiągnąć pełne uzdrowienie emocjonalne.

Podsumowując

W tej lekcji dowiedziałeś się, jak **ważne** jest zrozumienie twoich **emocji** i radzenie sobie z nimi w odpowiedni sposób. Poruszyliśmy temat emocjonalnych ran i sposobów ich leczenia, budowania **odporności** oraz jak twoje ciało i umysł są ze sobą powiązane. To kluczowa wiedza, która pomoże ci radzić sobie lepiej z codziennymi **wyzwaniami** i stresami.

Podczas tej lekcji poznałeś kilka istotnych faktów. Dowiedziałeś się, że inteligencja emocjonalna pomaga goić twoje emocjonalne rany. Zrozumiałeś, że rozwijanie **samoświadomości** jest kluczowe w rozpoznawaniu twoich emocjonalnych ran. Poznałeś też, że nierozwiązane doświadczenia emocjonalne mogą mieć długotrwałe skutki. Odkryłeś, że praktyka samowspółczucia może pomóc budować twoją odporność emocjonalną. Na koniec zrozumiałeś, że twoje zdrowie fizyczne i emocjonalne są ze sobą nierozerwalnie połączone.

Zdobyta **wiedza** z tej lekcji jest cennym **narzędziem** do radzenia sobie z emocjonalnymi trudnościami. Korzystaj z niej, aby lepiej rozumieć siebie i innych, oraz dbaj o swoje emocjonalne i fizyczne **zdrowie**. To pierwszy ważny krok na drodze do pełniejszego i szczęśliwszego życia. Trzymam za ciebie kciuki w dalszej drodze!

Rozdział 3: Dychotomia Kontroli

Czy kiedykolwiek **zastanawiałeś** się, ile rzeczy w życiu naprawdę masz pod **kontrolą**? Ja też się często nad tym zastanawiam. Właśnie dlatego postanowiłem napisać ten rozdział. Uwierz mi, to jest o tym, co możesz kontrolować i jak to może sprawić, że poczujesz się bardziej pewny siebie.

Moje **podejście** w tym rozdziale to coś, co kompletnie zmieni twoje myślenie. Nie będziesz już odczuwać niepotrzebnego **stresu** z powodu rzeczy, które są poza twoim zasięgiem. Skupienie się tylko na tym, co naprawdę można zmienić? Bez żalu i poczucia bezradności? Brzmi nieźle, co nie?

Kiedy już zaakceptujesz to, co jest poza twoim **wpływem**, możesz zacząć kierować swoją **energię** na rzeczy, które naprawdę mają znaczenie. To jest taki klucz do spokoju ducha. Jak? Przygotuj się na nowe podejście, które nie tylko usprawni twoje myślenie, ale także doda ci wiatru w żagle.

Wprowadzę cię w **ćwiczenie** praktyczne, które łatwo wdrożysz w swoje codzienne życie. Obiecuję, nie będzie to nudne. Zaczynajmy więc tę **przygodę** wspólnie i cieszmy się drogą do lepszego zrozumienia naszej kontroli, okej?

Rozróżnianie między czynnikami kontrolowalnymi a niekontrolowalnymi

Słyszałeś kiedyś o stoickiej koncepcji dychotomii **kontroli**? To taka idea, że są rzeczy, nad którymi mamy wpływ, i takie, nad którymi nie mamy. Proste, ale głębokie. Wydaje się, że to starożytny koncept, ale naprawdę, przydaje się w naszym codziennym **życiu**. Pomyśl, ile rzeczy martwi cię każdego dnia. Czy wszystkie z nich można zmienić? No właśnie.

Koncentracja na tych, które możemy kontrolować, to podstawa. Stoicy mówili, że powinniśmy się skupiać na tym, co leży w naszym zasięgu – nasze **myśli**, czyny, reakcje. Reszta? Niezmienne. Pogoda, decyzje innych ludzi, przeszłe zdarzenia? Nad tym się nijak nie zapanuje. Więc po co tracić na to energię?

Kiedy zaczniesz tego konceptu używać w swoim życiu, zauważysz **zmianę**. Skupiając się na tym, co możesz zmienić – poczujesz się bardziej pewny siebie i mniej niespokojny. To jak odpuszczenie tej wielkiej góry stresów. Przykład: przeszkadza ci, że pada? No i co możesz z tym zrobić? Nic. Ale możesz zabrać parasol i się dostosować. I nagle denerwowanie się przestaje mieć sens.

Warto się zastanowić na chwilę nad psychologicznymi korzyściami tego podejścia. Kiedy świadomie zauważasz, że koncentrujesz się tylko na czynnikach, które można kontrolować, odczuwasz mniejszy **stres**. Mniej zmartwień o przyszłość. Twój umysł staje się jakby spokojniejszy. Ponadto, zaufanie takiemu podejściu oznacza, że dajesz sobie przestrzeń na akceptację tego, czego naprawdę nie zmienisz. Klucz do uzdrowienia emocjonalnego leży nie tyle w zmuszaniu się do perfekcji, co w akceptacji naszego ograniczonego wpływu.

Nie chodzi tylko o zdrowie psychiczne. Może być tak, że twoje **relacje** też na tym skorzystają. Wyobraź sobie, że nie próbujesz już kontrolować reakcji twojego partnera, twoich rodziców, twojego szefa. Twoje interakcje staną się bardziej autentyczne i mniej obciążające emocjonalnie. Fajnie, co?

Teraz coś ciekawego – zwykłe nieporozumienia dotyczące kontroli często nam szkodzą. Niektórzy mogą myśleć, że wszystko trzeba kontrolować – każdą błahostkę. Lecz prawda jest inna. Taka presja wywołuje napięcie i **frustrację**. Bo prawda jest taka, że nigdy nie będziesz mieć pełnej kontroli nad wszystkim. I to jest ok.

Coraz bardziej świat nas bombarduje ideą, że kontrola to grunt pełnego życia. Ale chyba ty myślisz inaczej? Poświęcenie czasu na rozróżnianie daje ulgę. Nagle stajesz się bardziej **świadomy** swojego otoczenia, rzeczy bardziej cię cieszą – nawet te bąbelki w gazowanej wodzie wydają się milej kumać.

To nie sugestia poddania się – to świadoma akceptacja ograniczeń. Tak robi się przestrzeń na wolność w twoim życiu. Ach, życie jest tak proste, gdy zrozumiesz, czego naprawdę nie możesz zmienić. Czujesz już **spokój**? Mam nadzieję, że ta drobna perspektywa podarowała ci trochę ukojenia na dziś.

Akceptacja tego, czego nie można zmienić

Okej, to zacznijmy od wyjaśnienia, czym jest ta cała **akceptacja**. Wyobraź sobie, że masz duży worek kamieni, a niektóre z nich są tak ciężkie, że po prostu nie zdołasz ich podnieść. Te kamienie to różne **doświadczenia** z twojego życia, niektóre bolesne i irytujące. Akceptacja to taka umiejętność, by powiedzieć sobie: "Dobra, tych ciężkich kamieni nie mogę podnieść, ale nie muszę też próbować w nieskończoność." Kiedy to ogarniasz, zaczynasz się uwalniać emocjonalnie.

To nie jest żadna rezygnacja, bardziej coś w stylu: "Hmm... może te kamienie po prostu zostawię tam, gdzie są, i skupię się na lżejszych, które mogę zrzucić z tego worka." Akceptacja nie oznacza, że się poddajesz i nic nie robisz. W rzeczywistości, to bardzo aktywne podejście.

Teraz różnica między akceptacją a rezygnacją. Okej, rezygnacja to jak grzeczne poddanie się. "No dobra, nic nie mogę zrobić, więc przestanę nawet próbować." W rezygnacji jest pewna bierność. A akceptacja? To trochę jak złapanie **sterów** swojego życia i powiedzenie: "Okej, nie mogę kontrolować tej burzy, ale mogę zdecydować, czy rozbić obóz, czy iść dalej." Jest tam taka wewnętrzna świadomość, że gość z burzy nie przyjdzie ci pomagać, ale to, co zrobisz, zależy tylko od ciebie.

I jak się to ma do zmniejszenia **cierpienia** emocjonalnego? No bo patrz, kiedy przestajesz walczyć z czymś, czego zmienić się nie da, poczujesz wielką ulgę. To jak z tymi ciężkimi kamieniami – nagle nie musisz już ich ciągać. Twój umysł potrzebuje wtedy mniej energii na zamartwianie się, bo po prostu pozwalasz rzeczom być takimi, jakie są.

Ale zaakceptowanie tego, co niezmienialne, ma jeszcze inną korzyść. Dajesz sobie szansę na skupienie się na tym, co realne i co możesz poprawić. Nie czekasz na cud, bo wiesz, że pewne rzeczy same się nie zmienią. Tylko ty możesz podjąć kroki tam, gdzie to jest możliwe. I nagle czujesz, że życie staje się trochę mniej przytłaczające.

To jakby chodzić po błocie. Albo utykasz i narzekasz na buty, albo akceptujesz, że jest błoto i myślisz, jaki tu teraz zrobić kolejny krok, żeby nie wpaść głębiej. To daje spokój, bądźmy szczerzy, nikt nie lubi utknąć na miejscu.

Słyszysz o tym jednym gościu, co ciągle mówi: "Po co zmieniać to, czego nie można?" No właśnie. Załapałeś. Tylko dzięki akceptacji zaczynasz rozumieć, że twój ból i cierpienie nie muszą być tak intensywne. Kiedy walczysz ze swoim wewnętrznym światem, zużywasz całą swoją **energię**, ale kiedy akceptujesz – odzyskujesz tę energię dla siebie.

Więc mówisz sobie: "Ok, pewne rzeczy już tak będą, ale co mogę z tym zrobić?" – to właśnie tu tkwi ta siła i poczucie **wolności**. Przestajesz przepychać się w swoim umyśle, zaczynasz być życzliwy dla siebie i pozwalasz rzeczom iść swoim torem. Tego nie ogarniesz w jeden dzień, ale z czasem zauważysz, jak swobodniej się żyje z akceptacją takich rzeczy, które nie są w twojej mocy zmiany.

Z tą akceptacją przychodzi też mniejsza reakcja na negatywne bodźce. Dlaczego? Bo wiesz, że wcale nie musisz wszystkiego kontrolować. Na przykład, ktoś cię skrzywdził, ale ty wiesz, że nie musisz wciąż tego przepracowywać w głowie. W pewnym momencie, kiedy pogodzisz się z tym, nawet jak przyjdą chłodne **wspomnienia**, twoja reakcja będzie łagodniejsza. To tak jakbyś znalazł wewnętrzną tarczę emocjonalną.

Więc niby mała akcja, ale jakie skutki! Oznacza to, że o wiele mniej się **martwisz**. I oto sposób na bardziej spokojne i pogodne życie w obliczu trudności.

Skupianie energii na obszarach, w których można podjąć działania

Masz czasem wrażenie, że życie toczy się trochę poza tobą? Że nie masz na nic wpływu i wiele rzeczy dzieje się, jakby obok? To właśnie tu wkracza koncepcja "locus of control".

Czym więc jest ten "locus of control"? Najprościej mówiąc, to twoje **przekonanie** o tym, na ile **kontrolujesz** swoje życie. Możemy podzielić to na dwa rodzaje — wewnętrzny i zewnętrzny. Jeśli masz wewnętrzny, wierzysz, że wiele rzeczy zależy od ciebie. Z kolei zewnętrzny to przekonanie, że wszystko dzieje się za sprawą losu, szczęścia czy innych ludzi. To, jak myślisz o swoim locus — czy jest wewnętrzny, czy zewnętrzny — ma ogromny wpływ na twoją **efektywność**. Kiedy wierzysz, że masz kontrolę, łatwiej jest podejmować działania, bo czujesz, że twoje decyzje mają znaczenie.

Jak więc mieć pewność, że skupiasz swoją **energię** na tych obszarach, w których naprawdę możesz coś zmienić? Zacznij od małej samoanalizy. Wyobraź sobie, że stoisz przed lustrem i myślisz o wszystkim, co cię martwi czy kręci ci w głowie. Czy wszystkie te sprawy są na pewno całkowicie poza twoją kontrolą? Większość osób zdaje sobie sprawę, że wiele ich obaw dotyczy spraw, na które mają jakiś wpływ albo mogą go wywrzeć, korzystając z odpowiednich strategii.

Możliwe, że twoje **zdrowie** jest jednym z takich tematów. Nie kontrolujesz wszystkiego, co dzieje się z twoim ciałem, ale możesz kontrolować, jakie jedzenie wrzucasz do brzucha albo czy ruszasz się wystarczająco. To samo w pracy — czasami nie masz wpływu na to, czy cię awansują albo dadzą trudniejsze zadania. Ale przecież masz wpływ na to, jak się przygotowujesz, jakie **starania** podejmujesz każdego dnia.

Gdy już wiesz, co jest w zasięgu twojej mocy, warto to jakoś uporządkować, ustalić **priorytety**. Co jest najważniejsze? Czas z bliskimi? Zdrowie? Pieniądze? Każdemu pasują inne priorytety i to normalne. Ważne jest tylko to, by skupić się na rzeczach, które naprawdę dają ci możliwość działania, a nie sprawach, na które nawet po murowanym nic nie poradzisz.

Skoro mówimy o identyfikacji i ustalaniu priorytetów, to dodatkowym atutem są korzyści psychologiczne z tego, że skupiasz swoją energię na kontrolowalnych częściach życia. Przede wszystkim, kiedy wiesz, że możesz coś poprawić, masz więcej pewności siebie. To daje ci siłę i **motywację**. To taki efekt kuli śnieżnej — mała akcja prowadzi do większego działania, które z kolei prowadzi do jeszcze lepszego efektu, i tak w kółko. Plus, mniej stresu. Skupiasz się na tu i teraz, zamiast martwić się przyszłością albo przeszłością, na którą już nic nie poradzisz.

Podsumowując, locus of control może być twoim sojusznikiem, jeśli umiesz sprawnie identyfikować i organizować swoje obszary działań zgodnie z możliwością kontroli. To nie tylko wzmacnia efektywność, ale i podnosi samopoczucie. Może warto pomyśleć, nad czym jeszcze masz wpływ — być może to jest twój klucz do większej wewnętrznej równowagi i **szczęścia**.

Rozwijanie Proaktywnej Postawy

Bycie proaktywnym to trochę jak jazda na rowerze, który sam **jedzie** przed siebie, a ty kierujesz. Nie zastanawiasz się, co będzie, gdy spadniesz; po prostu pedałujesz do celu i cieszysz się widokiem. Proaktywna postawa daje ci to samo – **poczucie** kontroli i gotowość do działania, a nie tylko reakcję na to, co się dzieje o krok od ciebie.

Po co jest ta cała proaktywność? Pozwala ci przejąć stery nad swoim życiem. Masz plany, **cele**, nie czekasz, aż coś się wydarzy. Ty jesteś twórcą swojego dnia. Poza tym, daje ona siłę, bo nie czujesz, że świat trzyma cię za gardło. Ty trzymasz swoje życie w garści.

Przejście z reaktywności do proaktywności wymaga zmiany **myślenia**. Musisz zacząć od przekonania, że to ty masz wpływ na swoje życie. Że twoje decyzje mają znaczenie. Możesz się martwić albo planować rozwiązania. To ty wybierasz. Oczywiście, nie ogarniesz wszystkiego od razu – kto by dał radę? Ale drobnymi krokami – na przykład skupieniem się na tym, co możesz kontrolować, a nie na tym, co nie zależy od ciebie – możesz rozwijać tę umiejętność.

Z czasem zauważysz, że coś się zmienia. Zmieniasz swoje myślenie, a co za tym idzie swoje **działania**. To trochę jak uprawa roślin. Na początku się wydaje, że to tylko praca bez efektu. Ale potem zaczynasz widzieć rezultaty.

Długo się czeka, ale korzyści są na długie lata. Pomaga to w osobistym rozwoju. Stajesz się bardziej zaangażowany, pewny siebie, gotowy do stawiania czoła wielu wyzwaniom. Będziesz mniej postrzegał siebie jako ofiarę okoliczności, natomiast jako jedyną osobę odpowiedzialną za swój los.

Przyjęcie proaktywnej postawy sprawia, że radzenie sobie z codziennymi **problemami** staje się łatwiejsze. Gdy spotkasz jakąś przeszkodę, to nie wpadasz w panikę. Szukasz rozwiązania i idziesz naprzód. Nie stoisz, czekając na to, co przyniesie los. Tworzysz swój los.

Po pewnym czasie docenisz to w wielu aspektach życia. Zdrowie, relacje, praca – wszystko poprawi się, bo ty będziesz grać rolę aktywnego działacza, a nie biernego obserwatora. Gdy zaczynasz działać proaktywnie, czujesz tę wolność, jakby ktoś ściągnął ci ciężar z ramion. Możesz w końcu zacząć cieszyć się życiem, zamiast biedzić się tym, czego nie możesz zmienić.

Jednym z najważniejszych kroków w kierunku proaktywności jest ustalenie celów. Wielkie cele też są fajne, ale mniejsze kroki sprawiają, że dajesz radę. Skup się na małych zadaniach, nad którymi pracujesz każdego dnia. Kiedy masz do czego dążyć, mniej chwil stresu odwiedza twoje życie. Bez sensu martwić się, co będzie jutro, jeżeli wiesz, że każdy mały krok przybliża cię do dużego marzenia.

Warto też zadawać pytania. "Co mogę zrobić?" zamiast "Dlaczego nie mogę?". To zmienia perspektywę. Tworzy **możliwość** tam, gdzie wydawało się, że jest tylko przeszkoda. To tak, jak byś nagle miał nowe klucze do zamków, które wcześniej były dla ciebie zamknięte.

Ta podróż od reaktywności do proaktywności to nie jest jak wyciągnięcie magicznego truczka z rękawa. To **proces**, który wymaga pracy, ale na końcu czeka satysfakcja z życia na własnych warunkach. Krok po kroku, zmiana po zmianie – będziesz tam. Gdyż naprawdę masz to w sobie. Wszystko zaczyna się od decyzji, dziś, teraz. Jadąc na rowerze swojego życia... decydujesz, gdzie chcesz podjechać.

Ćwiczenie praktyczne: Zastosowanie dychotomii kontroli

Czas na konkretne ćwiczenie! Zróbmy to razem.

Najpierw **zidentyfikuj** aktualną trudną sytuację w swoim życiu. Może to być coś dużego i niepokojącego albo mały, ale drażniący problem. Ważne, żeby to było coś, co cię naprawdę gryzie. Masz już w głowie tę sytuację?

Teraz **wypisz** wszystkie aspekty tej sytuacji. Chwyć coś do pisania i zrób listę. Wypisz wszystko, co w tej sytuacji jest ważne - każdy szczegół, co ci przeszkadza, kto jest w to zaangażowany, jakie są czynniki niezależne od ciebie.

Następnie **skategoryzuj** każdy aspekt. Wrzuć każdy element z twojej listy do jednej z dwóch kategorii: to, co masz pod kontrolą i to, na co nie masz wpływu. Może ci to zająć chwilę, ale to kluczowa część ćwiczenia.

Dla rzeczy, które są pod twoją kontrolą, stwórz **plan** działania. Możesz podzielić to na mniejsze kroki, które podejmiesz. Na przykład, jeśli do rozwiązania wymagane są rozmowy z kimś, zaplanuj, jak do tego podejdziesz.

A dla rzeczy poza twoją kontrolą? Musisz je **zaakceptować**. Może to nie jest łatwe, ale spróbuj to przyjąć. Odetchnij głęboko i odpuść potrzebę zmiany tych rzeczy. Akceptacja bywa wyzwalająca.

Teraz **zastanów** się. Jak na to wszystko patrzysz? Czy to ćwiczenie zmieniło twoje spojrzenie? Czujesz, że mniej odczuwasz stres związany z tą sytuacją? Czy te rzeczy, które były winą z przeszłości, trochę wyblakły?

Pamiętaj, żeby **powtarzać** to ćwiczenie regularnie. Im częściej to zrobisz, tym bardziej naturalne to się stanie. Dzięki temu zaczniesz widzieć każdą trudną sytuację jako szansę na działanie albo akceptację.

Może wszystkie te kroki wydają ci się na pierwszy rzut oka skomplikowane, ale są naprawdę proste. To wyjątkowe narzędzie, które wprowadza ekstra porządek do twojego życia. Co więcej, każdy raz, kiedy to ćwiczysz, budujesz w sobie wewnętrzną siłę i spokojne podejście do różnych wyzwań. To jak znalezienie własnego centrum, ustalając to, co możesz zmienić, a co trzeba puścić. Świetnie działa na twoją psychikę i przynosi lekkość.

Czy nie czujesz się teraz lżej? Przy każdej okazji powtarzaj to ćwiczenie.

Podsumowując

W tej części książki nauczyłeś się, jak **podejście** do życia oparte na kontroli może całkowicie odmienić twoje **postrzeganie** rzeczywistości. Przyjrzałeś się, jakie są **korzyści** z rozgraniczania tego, co możesz zmienić, od tego, co jest poza twoją kontrolą. Zrozumienie tych aspektów może prowadzić do wyższego poziomu **emocjonalnej** wolności i spokojniejszego życia.

W tym rozdziale zwróciliśmy uwagę na czym jest dychotomia kontroli według stoików, jakie **korzyści** daje skupienie się na tym, co możesz kontrolować, jakie są błędne przekonania odnośnie kontroli i ich wpływ na twoją psychikę, pojęcie **akceptacji** i jej znaczenie w uzyskaniu wolności emocjonalnej, a także różnicę między akceptacją a rezygnacją oraz praktycznym zastosowaniu w codziennym życiu.

Te punkty mają na celu przypomnienie, że możesz odnieść większe **sukcesy** i mniej odczuwać stres, koncentrując się na tym, co jest w zasięgu twoich możliwości. Pamiętaj, że niektórych spraw nie zmienisz, ale możesz wybrać swoją reakcję na nie. To właśnie od tego momentu zaczyna się droga do prawdziwej wolności emocjonalnej. Podejmij **działanie** już dziś i zauważ, jak bardzo twoje życie może się zmienić, gdy zastosujesz te zasady w codziennych sytuacjach. Powodzenia!

Rozdział 4: Opanowanie Świadomości Bez Osądzania

Czy kiedykolwiek zastanawiałeś się, jak by to było, gdybyś nie musiał **oceniać** każdej myśli, która pojawia się w twojej głowie? Ja miałem taką refleksję kiedyś i zmieniło to całkowicie moje podejście do życia. W tej części księgi obiecuję, że odkryjesz coś zupełnie nowego...

Opowiem ci o czymś, co może kompletnie odmienić sposób, w jaki postrzegasz swoje **myśli**. Bez ogarniania ich osądem, żyje się jakoś... lżej. Dzięki temu rozdziałowi zaczniesz dostrzegać swoje myśli jako coś, czego nie musisz automatycznie kontrolować ani klasyfikować jako "dobre" czy "złe". Wiesz, to jak zgłębianie nieznanego **świata**?

Wyobraź sobie, jak by wyglądało twoje życie, gdybyś mógł obserwować swoje myśli z dystansu. Czułbyś się mniej przytłoczony, bardziej **zrelaksowany**? Sposobem na to wszystko jest **świadomość** bez osądzania, której ten rozdział cię nauczy. Patrzenie na myśli obiektywnie jako obserwator...

A żebyś mógł skutecznie to wdrażać w życie, przygotowaliśmy specjalne **ćwiczenia**. Nauczysz się patrzeć na to, co przelatuje przez twój umysł, nie zawieszając się na tym. Moimi opowieściami i wskazówkami poprowadzę cię przez to, krok po kroku. Czy to wydaje się **interesujące**? No więc, zapewne zaczniesz się zastanawiać nad istotą świadomości bez osądzania. Przecież słów brakuje na opisanie tego **odczucia**.

Istota Myślenia Bez Osądzania

No dobra, czym właściwie jest ta **świadomość** bez osądzania? To takie podejście z praktyk uważności, gdzie po prostu zauważasz myśli i uczucia, ale bez oceniania ich. Przyjęło się to z buddyzmem, a z czasem rozpowszechniło w **medytacji** i terapii psychologicznej. Wyobraź sobie, że masz myśl, że coś zrobiłeś źle. Normalnie byś ją analizował, że byłeś "głupi" albo że musisz robić wszystko lepiej. A świadomość bez osądzania mówi po prostu zauważ: "mam tę myśl" i koniec. Nie angażujesz się dalej.

Korzyści? Oj, jest ich sporo! **Psychologiczne** dobrostanie to wielki plus. Po pierwsze, redukuje **stres**. Kiedy nie oceniasz, umysł jest bardziej zrelaksowany. Nie musisz martwić się o to, jak fatalnie coś poszło. Zaakceptowanie swoich myśli bez oceniania sprawia, że przestajesz być tak surowy wobec siebie. A to jest spory mieszek!

Możemy przejść do techniki "RAIN," która jest super. "RAIN" to skrót: Rozpoznaj, Akceptuj, Zbadaj i Nie identyfikuj się. Najpierw musisz rozpoznać, co się dzieje. To takie zatrzymanie się: "Dzieje się coś, co mnie niepokoi." Następnie przyjęcie: "OK, mam taką myśl." Bez walki, po prostu zgodzenie się, że to istnieje.

Trzeci krok, czyli Zbadaj. Trochę jakbyś zaglądał do środka myśli. Możesz się zastanowić: "Dlaczego pojawiła się ta myśl? Co powoduje ten stan?" Robisz to z ciekawością, jakbyś badał jakieś zjawisko przyrodnicze. Nie musisz znaleźć odpowiedzi od razu, ważne żebyś sobie dawał przestrzeń do zrozumienia.

Ostatni, Nie identyfikuj się. Ta część to klucz do **świadomości** bez osądzania. Chodzi o to, żeby nie przykładać sobie łatki tej myśli czy emocji. Nie jesteś "dumny" ani "zły". Masz te **emocje** i myśli, ale one nie definiują ciebie. Tak jak chmury na niebie – one są, ale nie są niebem. W ten sposób możesz dystansować się od swojego wewnętrznego krytyka i stresu.

Dobrze by było również robić wszystko na spokojnie. Często medytujesz i nagle – bach, myśl że coś zrobiłeś źle rok temu. Możesz powiedzieć: "To ciekawe, że pojawiła się właśnie ta myśl." Takie podejście bardzo ułatwia nawykowanie myślenia bez osądzania. To trochę jak nauka jazdy na rowerze – w większości przypadków na początku czujesz się niezręcznie, ale z czasem idzie coraz lepiej.

Czy wspomniałem o **praktyczności** tej techniki w codziennym życiu? No to świetnie. Masz spotkanie w pracy i czujesz stres. Rozpoznaj to uczucie: "Hej, czuję napięcie". Akceptuj je: "OK, doświadczam trochę stresu". Zbadaj: "Dlaczego taki jestem nerwowy? Co mnie martwi?" I na koniec, nie identyfikuj się: "To tylko stres, nie jestem swoimi uczuciami." Brzmi do ogarnięcia, prawda?

I to naprawdę może działać – przy regularnym stosowaniu możesz złapać dystans do swoich myśli i emocji, co sprawia, że lepiej radzisz sobie z codziennymi **wyzwaniami**. Pomaga to także w budowaniu większej empatii do siebie i innych, bo kiedy mniej oceniasz siebie, łatwiej przychodzi ci nie oceniać również innych ludzi. Voilà!

Obserwowanie myśli bez przywiązania

Chcesz się nauczyć, jak stworzyć mentalny **dystans** od myśli? Świetnie! Klucz do sukcesu leży w tym, by nie traktować ich jako absolutną prawdę, ale raczej jako przelotne wydarzenia. Jasne, łatwiej to powiedzieć niż zrobić, ale po paru chwilach ćwiczeń zobaczysz, że naprawdę warto.

Pomyśl o swoich **myślach** jak o chmurach na niebie. Jedna przychodzi, inna odchodzi... Z początku możesz mieć trudności, bo przecież przyzwyczailiśmy się do tego, żeby trzymać się naszych myśli kurczowo jak najdroższego skarbu. Ale wyobraź sobie, że wcale nie musisz trzymać każdej myśli. Możesz je obserwować, a później puścić.

Przenieśmy się na chwilę do filozofii **defuzji** poznawczej. To właśnie ona odgrywa kluczową rolę w zmniejszaniu siły tych "negatywnych" myśli. Kiedy jesteśmy z nimi zidentyfikowani, pchają nas, ciągną, mówią nam jak myśleć, czuć. Ale defuzja nauczy cię stworzyć przestrzeń. To jakby powiedzieć swoim myślom "hej, widzę cię, ale nie muszę cię słuchać". Genialne, prawda? Dzięki temu zaczynasz widzieć myśli jako same w sobie, a nie jako część twojej tożsamości.

Chciałoby się, by to było nieco prostsze, co? Wyobraź sobie siebie na brzegu **strumienia**. Ta technika wizualizacji nazywana jest "liście na strumieniu". Spróbuj. Zamknij oczy i zobacz strumień spokojnej, płynącej wody. Każda twoja myśl pojawia się jako liść, który kładziesz delikatnie na wodzie i widzisz go, jak odpływa... Przychodzą nowe myśli? Super, wrzucasz je na strumień. Odpływają... Bez względu na to, co to za myśli – dobre, złe, neutralne – każda kończy na tym strumieniu, płynąc w dal, pozwalając twojemu umysłowi widzieć, ale nie angażować się.

I tak tym sposobem możesz oglądać swoje myśli z pewnej odległości, zamiast w nich tonąć. To trochę jak być widzem na własnym seansie **kinowym**. Raz widzisz dramat, raz komedię, czasem horror, ale nigdy nie zapuszczasz się na scenę, by do nich dołączyć. Cieszysz się widowiskiem z radością, bez potrzeby próbowania go zmieniać.

A co, jeśli jakaś myśl jest naprawdę **uporczywa**? Pojawia się ciągle, mimo twoich starań, by ją puścić? Tutaj z pomocą znów przychodzi defuzja poznawcza. Możesz zmodyfikować "liście na strumieniu" i zawołać taką myśl z wdziękiem: możesz ją nazwać, dać jej jakieś imię. Jak nieustannie powracająca myśl "Nie potrafię tego zrobić", nazwij ją "Krzykacz z kuchni". Za każdym razem, jak się pojawi, wiedz, że to "Krzykacz z kuchni" robi swoje.

Jak sam widzisz, obserwowanie myśli bez przywiązania może stać się naprawdę **satysfakcjonujące**. Dystansując się mentalnie, nie tracisz zarówno równowagi, jak i zdrowej dawki rozsądku. Zacznij praktykować, kreśl wisielca dla tej jednej uporczywej myśli i ciesz się świadomością kognitywnej defuzji.

Redukcja stresu poprzez obiektywizm

Przyjęcie **obiektywnej** perspektywy to świetny sposób, by obniżyć emocjonalną reaktywność i poziom **stresu**. No bo jak często łapiesz się na tym, że reagujesz przesadnie na drobne zdarzenia? Rzucasz klucze, a czujesz, jakbyś zgubił cały dom... Te małe rzeczy potrafią się zsumować, robi się gorąco, spinasz się, a przecież mogłoby być zupełnie inaczej. Patrząc na sytuacje z **dystansu**, bez ocen, dostrzegasz je takimi, jakie są - nic więcej, nic mniej. Nie dodajesz do nich swoich domysłów czy emocji, więc automatycznie nie stresujesz się tak bardzo.

Wyobraź sobie, że masz przed sobą ogromną mapę. Patrzenie na nią z góry pozwala lepiej zrozumieć całość terenu, bez zagłębiania się w każdy drobny szczegół. Podobnie jest z twoimi myślami i **emocjami**. Jeżeli spojrzysz na nie z dalszej perspektywy, bez etykietowania ich jako „dobre" czy „złe", możesz je po prostu zaakceptować. To podejście minimalizuje twój wewnętrzny chaos. A gdy jest mniej chaosu, jest mniej stresu.

Rola poznawczej **reinterpretacji** jest kluczowa w tym całym procesie. Powiedziałbym, że to taki sposób zmieniania twojego postrzegania sytuacji. Nie chodzi tu o oszukiwanie samego siebie, raczej o świadomą decyzję, by patrzeć na sprawy z innej strony. Powiedzmy, że ktoś skrytykował twoją pracę. Zamiast od razu się zadręczać, możesz pomyśleć: „dobra, to dobry moment, by czegoś się nauczyć." Przeinterpretowanie sytuacji pozwala zachować spokój, obniżyć wewnętrzne napięcie i odciąć się od zbędnych negatywnych emocji. I już jest lżej!

Jak to ćwiczyć? Wprowadź zasadę „Opisuj, nie oceniaj." Proste? Zdecydowanie. Ale wymaga **praktyki**. Przykład: zamiast myśleć, „Jestem wkurzony, bo muszę stać w korku," spróbuj: „Czuję napięcie, bo droga jest zatkana." Widzisz różnicę? Oczywiście. Opisujesz sytuację, nie dodając osądu. Tym samym nie nakładasz na siebie dodatkowego stresu. Bo oceniając, najczęściej dodajesz emocje – a tego chcesz unikać.

- Zauważ emocje: Każdy chaos, prawda w głowie? Okej, zamknij oczy, witaj chaos! Co czujesz?

- Opisz sytuację: Rzuć okiem na swoją scenę: „Czuję smutek" zamiast „Znowu zawaliłem". Bez etykiet, bez krat.

- Poczuj bez oceny: Etykietowy strach stanowi toksynę. Napisz swoją emocję i opowiedz, przez swoje szkło, epopeję.

To ćwiczenie uczy patrzenia na wydarzenia z dystansu. Zaczynasz dostrzegać, że **emocje** to tylko przelotne chmury na niebie – przepłyną, jeżeli ich nie pogonisz. No i co? Jasność spojrzenia zaczyna się stawać nieocenionym dobrodziejstwem.

Przyjmując **obiektywizm** na dłuższą metę, zmieniasz swoją reakcję na stresujące sytuacje. Krok za krokiem zaczynasz działać jak zdrowy obserwator z dystansu. Mnóstwo korzyści! Więcej spokoju, mniej nerwów, pełen luz. Wymaga praktyki, ale warto ją poznawać każdego dnia, nawet gdy pada deszcz i serce się niepokoi!

Wzmacnianie regulacji emocjonalnej

Mówisz, że masz **problem** z zarządzaniem emocjami? Wiesz, taki stan, gdy czujesz się przytłoczony i nie możesz znaleźć wyjścia z emocjonalnego wiru? W tym momencie przychodzi z pomocą nieoceniająca **świadomość**.

Nieoceniająca świadomość – co to właściwie znaczy? To po prostu umiejętność obserwowania swoich myśli i uczuć, bez oceniania ich jako "dobre" lub "złe". Pomyśl o tym jak o neutralnym, wewnętrznym reporterze robiącym notatki z tego, co się dzieje w twoim wnętrzu. Działa to na zasadzie świadomego bycia obecnym w danym momencie. Wiesz, nie próbujesz walczyć ani zmieniać tych emocji. Po prostu jesteś.

Dzięki temu stajesz się bardziej świadomy tego, co naprawdę czujesz. I to jest krok milowy w kierunku lepszego zarządzania swoimi **emocjami**. Dlaczego? Bo przestajesz działać automatycznie - na zasadzie impulsów. Zamiast tego zaczynasz widzieć swoje emocje, nazywając je po imieniu.

A właśnie o tym mówimy, czyli o granularności emocjonalnej. Co to za dziwaczny termin, co? Ale nie jest tak skomplikowane, jak brzmi. Granularność emocjonalna oznacza, że potrafisz dostrzec subtelności w swoich **uczuciach**. Zamiast mówić po prostu "jestem zły", możesz stwierdzić "czuję się sfrustrowany, rozgniewany i rozczarowany". Widzisz różnicę? Kiedy twoje emocje stają się bardziej zniuansowane, twoje reakcje na nie również stają się bardziej przemyślane i dostosowane do danej sytuacji.

Teraz zastanawiasz się pewnie: "Ok, jak mogę to osiągnąć?" Oto technika "Nazywanie Emocji". To naprawdę proste. Kiedy poczujesz jakąś emocję, zatrzymaj się na chwilę i spróbuj ją nazwać. Stań się świadom, że właśnie czujesz się smutny, wesoły, zaniepokojony czy wściekły. Jakkolwiek może się to wydawać banalne, samo nazwanie emocji już jest potężnym krokiem w jej zrozumieniu i **regulacji**.

Jest coś w stylu: "Kurczę, czuję się dziś strasznie przytłoczony. Co się dzieje?" Łapiąc się na tym i wyodrębniając poszczególne uczucia, zaczynasz tworzyć pewien dystans, który pozwala ci lepiej je zrozumieć. Przestajesz być ich niewolnikiem, a zaczynasz mieć **kontrolę** nad nimi. To taka mała, ale fundamentalna różnica, która diametralnie zmienia sposób, w jaki przepływasz przez dni pełne emocji.

Pomyśl o tym jak o naciśnięciu pauzy w trakcie filmu. Dajesz sobie chwilkę oddechu. Ta umiejętność wychwytywania swoich emocji w czasie rzeczywistym prowadzi do zdrowszych, bardziej świadomych **reakcji**. I to jest całym sednem regulacji emocjonalnej.

Więc co teraz? Zacznij praktykować. Postaw sobie za cel nazywanie swoich emocji przez kilka minut dziennie. Zwracaj uwagę, kiedy pojawiają się określone uczucia i próbuj je zidentyfikować. Może przyniesie to nową **perspektywę** i pomoże w lepszym zarządzaniu, co? Kto nie chciałby tego spróbować?

Ćwiczenie praktyczne: Obserwacja bez osądzania

Czasami życie przypomina nam, jak ważne jest **zatrzymanie** się na chwilę i spojrzenie na rzeczywistość bez oceniania. Dobrze cię rozumiem. Naprawdę. Zawsze gdzieś pędzisz, myśląc o przeszłości albo martwiąc się przyszłością. Często jesteś tak zajęty życiem, że zapominasz, jak to jest po prostu być. Dlatego dziś robisz coś innego – prostą, ale skuteczną praktykę **obserwacji** bez osądzania.

Znajdź ciche, wygodne miejsce, gdzie nikt ci nie będzie przeszkadzał. To naprawdę istotne. Bez cichego miejsca trudno jest się skupić. Zresztą, w chaosie dnia codziennego ciche miejsce to skarb. Gdzieś, gdzie możesz przysiąść na chwilę. Może to być twój pokój, ulubiona kawiarnia, czy nawet park. Najważniejsze, aby było ci wygodnie.

Zamknij oczy i weź kilka głębokich **oddechów**, aby się uspokoić. Naprawdę pomijamy ten krok, myśląc, że to nic takiego, ale uwierz mi, on działa. Opadasz wtedy w swoje wnętrze, czując, jak napięcia z dnia zaczynają znikać. Weź powolny, głęboki wdech przez nos, przytrzymaj przez chwilę – i wydech. Czujesz to?

Zacznij zauważać swoje **myśli**, uczucia i doznania ciała, nie próbując ich zmieniać. To prośba, aby być świadomym swojego tu i teraz. Myśli będą przechodzić przez głowę jak chmury na niebie. Czasem będą delikatne, inne razy ciężkie. A kolejność to:

- Patrz na nie jak na deszczowy dzień.

- Czy rzeczywiście warto w nie wchodzić?

Obserwując, nazywaj każde **doświadczenie** po prostu jako "myśl", "uczucie" lub "doznanie", bez rozwijania tematu. Okej, tu skupiasz się na prostocie. Zamiast budować pełne historie o każdej emocji, po prostu zauważasz, co to jest. Możesz myśleć sobie: to jest "myśl". To jest "uczucie". Lub: "to jest doznanie". Zero potrzeby dodawania wątków czy zastanawiania się nad kontekstem.

Jeśli zauważysz, że oceniasz, po prostu zauważ ocenę i wróć do neutralnej **obserwacji**. Łatwiej powiedzieć niż zrobić, prawda? Ale warto! Często łapanie się na ocenianiu to połowa sukcesu. Więc gdy znów zauważysz, że coś kategoryzujesz jako "dobre" czy "złe", wracaj do neutralności.

Kontynuuj tę praktykę przez 5-10 minut, stopniowo wydłużając czas. Tak, krótko, ale z czasem zrobi się dłużej. I tyle właśnie wystarcza, by przeprowadzić małą rewitalizację umysłu. Możesz stopniowo wydłużać ten czas – od pięciu minut dziś do dziesięciu jutro. Ważne, by robić to konsekwentnie.

Po ćwiczeniu zastanów się nad swoim doświadczeniem i wszelkimi uzyskanymi **wglądami**. No i mała retrospektywa na koniec. To świetna okazja, by zauważyć, jak czułeś się na początku i jak po zakończeniu. Może zdziwisz się, jak wiele się zmieniło.

Zastanów się: co przykuło twoją uwagę? Jakie myśli, uczucia, doznania wyłoniły się najpierw? Czy zauważyłeś coś, co cię zaskoczyło? Ta **świadomość** może być bardzo odświeżająca!

Obserwacja bez osądzania to piękne narzędzie na lepsze, spokojniejsze życie. Więc zacznij od tego małego ćwiczenia. A zobaczysz, że przynosi to naprawdę niesamowite efekty.

Podsumowując

W tym rozdziale nauczyłeś się, jak **ważne** jest podejście do twoich myśli i doświadczeń w sposób nieoceniający. **Świadomość** myśli bez ich osądzania może pomóc ci w lepszym radzeniu sobie z **emocjami** i stresującymi sytuacjami. Jeśli zrozumiesz te zasady i zaczniesz je stosować, odkryjesz, jak łatwiej jest prowadzić spokojniejsze i bardziej zrównoważone życie.

W tym rozdziale dowiedziałeś się:

• Co to jest świadomość nieoceniająca i skąd pochodzi.

• Jakie korzyści psychologiczne daje przyjęcie nieoceniającego podejścia.

• Jak stosować technikę „RAINFALL" (Rozpoznaj, Przyzwól, Zbadaj, Nie utożsamiaj się).

• Jak dystansować się od myśli i traktować je jako przejściowe zdarzenia.

• Jak obiektywne spojrzenie redukuje emocjonalne reakcje i poziom stresu.

Zastosowanie tej **wiedzy** w codziennym życiu może przynieść rewelacyjne **rezultaty**. Zrozumienie myśli, bez przywiązywania się do nich, pozwala na śledzenie swoich odczuć z większą swobodą i mniejszym **stresem**. Już dziś zacznij **ćwiczyć** to, czego się dowiedziałeś, a zobaczysz różnicę, jaką może to wprowadzić do twojego **życia**. Daj sobie czas i bądź cierpliwy - to nie jest **zmiana**, która nastąpi z dnia na dzień, ale efekty na pewno cię zaskoczą!

Rozdział 5: Sztuka Dystansowania się od Siebie

Czy kiedykolwiek zastanawiałeś się, jak można zyskać większą **kontrolę** nad swoimi **emocjami**? Ja zawsze się nad tym głowiłem. Kiedy emocje przejmują ster, czujesz, jakby świat się walił. Ale co by było, gdybyś mógł nabrać do nich **dystansu** i zyskać niezły wgląd? To właśnie tego uczę cię w tym rozdziale.

Wiesz, emocje mogą być jak niesforne dzieciaki, które robią awanturę w sklepie. Ciężko je zignorować, trudno od nich zyskać trochę przestrzeni. Myślisz, że da się je uciszyć? Jasne, że tak! W tym rozdziale pokażę ci, jak stworzyć psychologiczną **przestrzeń** dla swoich emocji. A wszystko dzięki prostej metodzie, której możesz używać na co dzień.

Słyszałeś kiedyś, że z dystansu problemy wydają się mniejsze? To nie przypadek. Gdy uczysz się patrzeć na swoje **doświadczenia** z innej perspektywy, nagle okazuje się, że są łatwiejsze do ogarnięcia. Dzięki temu lepiej radzisz sobie z emocjonalnym napięciem i masz więcej **energii** na rozwiązywanie problemów. To proste, stary, niewiarygodne jak działa.

Chciałbyś zyskać nową **umiejętność**, którą możesz wykorzystać wszędzie i zawsze? No to szykuj się na tę praktyczną lekcję **samodystansowania**. Gotowy do działania? Super!

Tworzenie przestrzeni psychologicznej od emocji

Wiesz, jak czasem czujesz się, jakbyś był w pudełku pełnym **emocji**, które cię przytłaczają? Tak właśnie można opisać stan, gdy nasze uczucia zbyt mocno nas pochłaniają. Koncept **dystansu psychologicznego** polega na tym, żeby zrobić krok w tył i spojrzeć na swoje odczucia z pewnej perspektywy. Chodzi o to, żeby nie być bezpośrednio wewnątrz danej emocji, ale patrzeć na nią z zewnątrz. Dzięki temu łatwiej poradzisz sobie z negatywnymi uczuciami.

Gdy uda ci się nabrać dystansu psychologicznego, będziesz w stanie zredukować intensywność swoich emocji. Wyobraź sobie, że patrzysz na swoje uczucia jak na film - wiesz, co się w nim dzieje, ale nie jesteś jego częścią. Możesz wtedy bardziej obiektywnie ocenić sytuację.

A teraz krótka lekcja o technice "**Perspektywy Trzeciej Osoby**". Ta metoda jest całkiem prosta. Zacznij od wybrania sytuacji, która wywołuje u ciebie silne emocje. Spróbuj potem opisać to zdarzenie, używając swojego imienia zamiast "ja".

Przykład? Jeśli masz na imię Anna, zamiast mówić "Jestem zła, bo on mnie zranił", spróbuj powiedzieć "Anna jest zła, bo on ją zranił". Zobaczysz, że taka mała zmiana sprawia, że nabierasz pewnego dystansu. Stajesz się obserwatorem swojej historii, a nie jej głównym bohaterem.

Mówiąc o tej technice, możesz iść dalej i wprowadzić sobie nawyk myślenia o swoich **problemach** w trzeciej osobie. Najpierw może ci się to wydawać dziwne, ale z czasem stanie się bardziej naturalne. Wypróbowanie tej metody pomoże ci także w rozmowach z innymi. Zamiast zanurzać się we własne emocje, nauczysz się je opisywać w sposób bardziej obiektywny i zrównoważony.

Warto wspomnieć, że taka perspektywa pomaga w **regulacji emocji**. Dystans psychologiczny sprawia, że nie działasz impulsywnie pod wpływem silnych uczuć. Jesteś bardziej skłonny do przemyślenia swoich słów i działań, zanim je podejmiesz. To tak, jakbyś dał sobie chwilę na zebranie myśli - niesamowicie pomocne, co?

Czy wiesz, że dystansowanie się od swoich emocji również przyczynia się do lepszego **zdrowia psychicznego**? Jest to świetne narzędzie w walce z lękiem i depresją. Pozwala ci na wyraźniejsze zobaczenie przyczyn twoich problemów i znalezienie bardziej skutecznych rozwiązań.

Podsumowując, dystansowanie się od siebie i stosowanie techniki "Perspektywy Trzeciej Osoby" to kluczowe elementy tworzenia przestrzeni psychologicznej od emocji. Te proste **techniki** pozwalają ci na bardziej obiektywne spojrzenie na twoje uczucia i lepsze radzenie sobie z nimi. Spróbuj tego w swojej codziennej rutynie - może to być droga do spokojniejszego i bardziej zrównoważonego życia. Ale pamiętaj, nie ma jednej drogi do sukcesu. Twój **mechanizm radzenia** sobie może wyglądać inaczej... ale to jest w porządku. Najważniejsze jest znalezienie tego, co działa dla ciebie.

Zdobywanie perspektywy na osobiste doświadczenia

Sztuka **dystansowania** się to klucz do szerszego poglądu na różne sytuacje i wyzwania. Gdy stoisz blisko drzewa, widzisz tylko korę. Ale gdy się odsuniesz, dostrzegasz cały las. W życiu działa to podobnie. Jeśli przestaniesz wpatrywać się w swoje problemy z bliska, możesz wreszcie zobaczyć rzeczy z szerszej **perspektywy**.

Chodzi o to, żeby złapać trochę oddechu. Nie zamazuj wszystkiego, co dzieje się wokół, skupiając się tylko na trudnościach. Spójrz na sprawy z dystansu. Będąc obserwatorem własnych sytuacji, zamiast uczestnikiem, zyskujesz wrażenie większej kontroli i decyzyjności. Dlaczego? Bo z tej perspektywy łatwiej dostrzec różne **rozwiązania**, które wcześniej były przed tobą ukryte.

Warto też poznać koncepcję "**dystansowania** czasowego". Aby uzyskać bardziej holistyczny pogląd na swoje obecne problemy, wyobraź sobie siebie za pięć czy dziesięć lat, patrzącego na to, co teraz cię trapi. To jak z czasem - przezwyciężone trudności często okazują się mniej istotne. Patrząc na swoje życie przez pryzmat przyszłości, wiele teraźniejszych wyzwań może wydawać się mniej przytłaczających. Coś, co dziś wydaje się końcem świata, za kilka lat może być jedną z tych **historii**, z których się śmiejesz albo uczysz.

Wyobraź sobie, że spotykasz swoje "**Przyszłe Ja**" - osobę, która już przeszła to, czym się teraz martwisz. Jak chciałbyś, żeby ta osoba się zachowała? Jak odpowiedziałaby na twoje aktualne dylematy? To ćwiczenie myślowe pomaga przeramować wiele emocjonalnych zawirowań, ułatwiając przejście przez trudne chwile. Patrząc na swoje obecne bóle nie jako na chaos teraźniejszości, ale jako część większej historii - twojego życia - zmienia się nieco podejście do **problemów**.

Technika **wizualizacji** "Przyszłego Ja" może ci w tym pomóc. Usiądź spokojnie, oddychaj głęboko i wyobraź sobie przyszłość. Twój dom, otoczenie, przyjaciół. Wizualizuj, jaką osobą chcesz być. Zobacz siebie szczęśliwego, spokojnego, radzącego sobie z dawno minionymi wyzwaniami. Zobacz, jak z perspektywy czasu twoje obecne problemy stają się jednym z etapów w podróży do lepszego siebie. Ta technika naprawdę pomaga zyskać więcej wglądu w realia życia.

Chodzi w końcu o to, by zrozumieć swoje przeżycia w szerokim kontekście. Próbując spojrzeć z dystansu, mając świadomość, że każdy trudniejszy moment to zaledwie część większej układanki, lżej dąży się do rozwiązania problemów. Twoje "Przyszłe Ja" będzie ci wdzięczne za takie podejście. Gdy nauczysz się wdrażać dystansowanie czasowe i technikę wizualizacji "Przyszłego Ja" do codziennego życia, być może zauważysz, że twój sposób patrzenia na świat ewoluuje. A to z kolei pozwoli ci osiągnąć większy spokój i jasność umysłu, który nie jest już przytłoczony drobnymi trudnościami dnia codziennego. Co ty na to?

Zmniejszanie intensywności emocjonalnej

Czy kiedykolwiek **czułeś**, że negatywne emocje dosłownie cię przytłaczają? Jakbyś był w środku burzy, której nie da się zatrzymać. To właśnie punkt wyjścia do rozmowy o dystansowaniu się od siebie. Wyobraź sobie, że nagle patrzysz na tę burzę z boku. Już nie jesteś w samym jej sercu, tylko stałeś się spokojnym **obserwatorem**. To nie znaczy, że uciekasz od emocji albo je tłumisz. Po prostu dajesz sobie małą przerwę. Oddychasz głęboko i patrzysz z dystansu.

Dystansowanie się od siebie, co w psychologii nazywa się także samo-dystansem, może pomóc zmniejszyć **intensywność** tych natrętnych emocji. To jak chwilowe odłączenie się od przytłaczających uczuć. Czasem wystarczy pomyśleć: "Okej, widzę złość, ale to tylko złość". Nagle okazuje się, że możesz spoglądać na swoje emocje, zamiast być nimi całkowicie zawładnięty. Trochę jak oglądanie sceny z filmu zamiast bycia jej głównym bohaterem.

Co ważne, dystansowanie się to nie to samo co tłumienie emocji. Tłumienie to coś na zasadzie zakopywania problemu pod dywan - jest, gwarantuję ci, że wróci do ciebie jeszcze gorszy niż przedtem. A dystansowanie to bardziej **akceptacja** tego, co czujesz, ale bez pójścia na te emocje z pełnym pędem.

Teraz, w temacie emocji, jest coś takiego jak "szczegółowość emocjonalna". To sposób, w jaki opisujesz swoje reakcje emocjonalne. Im bardziej jesteś świadomy swoich uczuć, tym lepiej potrafisz nimi **zarządzać**. Ale uwaga, nie chodzi o to, żebyś wyciągał słownik synonimów i szukał, jakie słówko może najlepiej oddać twoje uczucia. Chodzi o to, żebyś je precyzyjnie rozpoznał. Czujesz gniew? Super, ale może to jest bardziej frustracja albo irytacja?

Dobry sposób na ćwiczenie tego to metoda "Skalowanie Emocji". Powiedzmy, że jesteś na szczycie góry emocji i patrzysz na wszystko, co widzisz wokół. Spróbuj ocenić te emocje w skali od 1 do 10. Jak bardzo czujesz gniew? Jak bardzo smutek? To pomaga ci subtelnie się zdystansować i dać sobie pewną przestrzeń do **oddychania**. Gdy zidentyfikujesz, że np. twój gniew to na skali 6, możesz pomyśleć: "wszyscy mają takie emocjonalne górki i dołki - mogę sobie z tym poradzić."

Wyobraź sobie to skalowanie jako rodzaj wewnętrznej mapy. Uzyskanie orientacji może ci pomóc sprawić, że te emocje staną się mniejsze, mniej dominujące. Możesz nawet przyjąć rolę naukowego badacza samego siebie!

Kiedy stajesz się obserwatorem swoich emocji, otrzymujesz coś bardzo cennego. Zdystansowanie nie zabija emocji, ale je uspokaja. Czasem okazuje się, że patrząc na swoje uczucia i zastanawiając się nad nimi, możesz je zneutralizować. Jak się czasem mówi, patrzenie z innej **perspektywy** może wszystko zmienić, prawda?

No i teraz, nabierając w tym wprawy, już nie jesteś uwięziony w burzy emocjonalnej, mniej się obwiniasz, i nawet natrętne myśli mają mniejszą kontrolę nad twoim codziennym życiem. **Emocje** są ważne, ale nie muszą być więzieniem. Trzymaj się tej myśli na co dzień.

Doskonalenie umiejętności rozwiązywania problemów

Tworzenie **psychologicznego dystansu** może znacznie poprawić Twoje analityczne myślenie i kreatywne rozwiązywanie problemów. Chodzi o to, żebyś spojrzał na problem z boku, jakbyś był obserwatorem, a nie uczestnikiem. Wyobraź sobie, że patrzysz na swój problem z lotu ptaka. To może Ci pomóc odkryć nowe możliwości i podejścia, których wcześniej nie zauważyłeś.

Co się dzieje w Twojej głowie? Tu wkracza teoria poziomu konstruowania. Kiedy mentalnie odsuwasz się od problemu, łatwiej Ci **myśleć abstrakcyjnie**. Skupiasz się na szerszym obrazie, a nie na przytłaczających szczegółach. Ta teoria pomaga Ci zrozumieć, że to, co z bliska wydaje się nie do przeskoczenia, może być bardziej do ogarnięcia, gdy spojrzysz na to z szerszej perspektywy. Tak właśnie działa kreatywny umysł – im bardziej abstrakcyjne myślenie, tym więcej możliwości znajduje.

Teraz wchodzi do gry technika "Mądrego Obserwatora". Wyobraź sobie, że tworzysz wersję siebie, która ma mądrość lat, by oceniać i rozwiązywać problemy. Zatrzymaj się na chwilę i zadaj sobie pytanie: "Co bym poradził przyjacielowi w takiej sytuacji?". To może wnieść sporo zdrowego rozsądku do Twojego problemu. Sprawy naprawdę wyglądają inaczej, gdy odrywasz swoje "ja" od sytuacji. Wejście w tę rolę może Ci pomóc uzyskać **emocjonalny i poznawczy dystans**, co pozwoli Ci jaśniej spojrzeć na problem.

Mądrość, którą odkryjesz w sobie jako Mądry Obserwator, często jest bardziej kreatywna i wszechstronna niż myślenie przepełnione emocjami. Krótko mówiąc – stawiając się w roli doradcy, dodajesz obiektywności do swojego punktu widzenia, co może prowadzić do lepszego podejmowania decyzji.

Kolejna sprawa to **ćwiczenie patrzenia** na problem z różnych perspektyw. Może to brzmieć dziwnie, ale naprawdę działa. Zastanów się, co byś poradził komuś bliskiemu, ale też co by doradził ktoś, kto Cię nie zna i jest kompletnie z zewnątrz. Różne perspektywy wzbogacają proces rozwiązywania problemu. Kiedy myślisz jak ktoś inny, nie tylko zyskujesz nowe spojrzenie – uwalniasz też własny umysł od rzeczy, które mogą Cię blokować.

Na koniec, pamiętaj, żeby być dla siebie **wyrozumiałym**. Rozwiązywanie problemów to proces, a emocje, które mu towarzyszą, są jego częścią. Często odległe spojrzenie na problem pomaga nie tylko w jego rozwiązaniu, ale także w nauce o sobie. Więc nie bój się zrobić kroku w tył, zerknąć na swoją sytuację z boku i posłuchać tej mądrej wersji siebie, którą masz w środku.

Praktyczne ćwiczenie: Dystansowanie się od siebie

Zacznij od prostego zadania - **wybierz** ostatnią sytuację, która wywołała u ciebie sporo emocji albo sprawia ci teraz problem. Może to być kłótnia z bliską osobą, stres w pracy, czy frustracja z powodu nierozegranego konfliktu. Wiesz, coś, co naprawdę wyciągnęło na światło dzienne te wszystkie nieprzyjemne uczucia. Gdy już masz temat, czas przejść dalej.

Usiądź wygodnie, zamknij oczy i spróbuj **przypomnieć** sobie tę scenę jak najlepiej potrafisz. Pomyśl, że oglądasz ją na ekranie, jakbyś był widzem w kinie. Widzisz siebie? Widzisz innych uczestników tej sytuacji? Trochę tak, jakbyś siedział w fotelu i patrzył na film, w którym grają prawdziwe osoby z twojego życia.

Teraz pójdźmy krok dalej. **Wyobraź** sobie, że możesz się unosić nad tą sceną. Przelatujesz nad nią, patrząc z góry. Jak to wygląda z perspektywy ptaka? Masz szerszy obraz, prawda? Możesz zobaczyć wszystkie szczegóły, sytuacje, reakcje innych, ale z dystansu. To trochę jakbyś oglądał miniatury.

Teraz czas na mały eksperyment językowy. **Opisz** tę sytuację w trzeciej osobie. Zamiast mówić "byłem sfrustrowany" albo "to mnie dotknęło", powiedz: "Anka była sfrustrowana", "Robert zareagował gniewnie". Przeniesie cię to dalej od twoich uczuć i pozwoli chłodniej spojrzeć na te wydarzenia. Jakbyś opowiadał znajomym, co się stało, ale bez wchodzenia w szczegóły swego wnętrza.

Teraz, z taką szerszą i zimniejszą perspektywą, **pomyśl**, co byś powiedział przyjacielowi znajdującemu się w tej samej sytuacji. Nie sobie, ale swojemu przyjacielowi. Co byś mu doradził? Co by było dla niego najlepsze? Jakie rady byłyby najbardziej konstruktywne? Pomyśl o prostych, ale ważnych słowach. To czasami aż zadziwiające, jak łatwo nam doradzić innym, ale ciężko samym sobie.

Okej, więc jakie nowe **wglądy** masz? Czy zobaczyłeś coś, czego wcześniej nie zauważyłeś? Czy patrząc z dystansu, cokolwiek się zmieniło w twoim postrzeganiu tej sytuacji? Może zauważyłeś swoje zachowanie w nowym świetle? A może reakcje innych osób przyszły ci na myśl jako mniej drażniące? Uspokój swoje myśli na chwilę i zapisz te nowe wnioski. Ważne, by mieć to przemyślane.

Teraz parę rzeczy do **zapisania** - co zauważyłeś i co wydaje ci się ważne do zapamiętania. Co nowego teraz dostrzegasz? Jakie kroki chciałbyś podjąć dalej? Czy jest coś, co możesz zrobić, by poprawić sytuację? Może jakaś rozmowa, działanie, a może po prostu zmiana podejścia? Te notatki będą twoją mapą na przyszłość. Pisząc je, zorganizujesz swoje myśli i zyskasz większą kontrolę nad tym, co zrobić dalej.

I to tyle! To ćwiczenie, choć z prostymi krokami, może naprawdę pomóc w oderwaniu się od gorączki codziennych problemów. **Obserwowanie** siebie z daleka może być otwierające oczy i prowadzić do... całkiem przyjemnych wniosków!

Podsumowując

W tym rozdziale **nauczyłeś** się kilku kluczowych **technik**, które pomogą Ci lepiej radzić sobie z **emocjami** i problemami, patrząc na nie z dystansu. Ta **wiedza** może przydać Ci się w codziennym życiu, pomagając reagować spokojniej i mądrzej na trudne sytuacje.

Poznałeś:

- Psychologiczny **dystans** jako sposób na regulację emocji

- Jak dystansowanie może zmniejszyć intensywność negatywnych emocji i wprowadzić większą obiektywność

- Technikę "Trzeciej Osoby", by spojrzeć na swoje problemy z innej perspektywy

- Jak dystansowanie czasowe może pomóc zdobyć szerszy obraz Twoich problemów

- Wizualizację "Przyszłego Ja" jako sposób na lepsze rozumienie własnych celów i wyzwań

Pamiętaj, że wdrażanie tych technik w codzienne życie może naprawdę ułatwić Ci radzenie sobie z trudnościami emocjonalnymi. Praktykuj to, co zostało tutaj opisane, a na bank zobaczysz poprawę w swojej zdolności do **zarządzania** własnymi emocjami i podejmowania lepszych **decyzji**. Każda podróż zaczyna się od pierwszego kroku, więc nie czekaj - zrób ten krok już teraz! Zobaczysz, że warto było się wysilić.

Rozdział 6: Zerwanie łańcuchów negatywności

Czy zdarza ci się **czuć**, że czasem twoje własne myśli stają na przeszkodzie do szczęścia? Wiesz, ja też miałem takie momenty. Ale ostatnio zdałem sobie sprawę, że można się od tego uwolnić. W tym rozdziale **rzucisz** wszystkie niewygodne kamienie z plecaka swojej duszy.

Dlaczego? Z prostego powodu: **negatywne** myśli i zachowania tylko zamykają drzwi przed tobą. Czy kiedykolwiek zauważyłeś, jak jednego dnia nic ci się nie chce, a kolejnego nagle świat jest kolorowy? To nie kaprys losu, to efekt twojego **nastawienia**.

Spójrz na to jak na grę. Masz zasady i **techniki**, które pomogą ci osiągnąć nowy poziom spokoju mentalnego. Przeprowadzę cię przez te etapy krok po kroku. Nie będzie nudno, wręcz przeciwnie – kolejne części tego rozdziału przyniosą sporo praktycznych **porad**, które szybko zastosujesz w życiu.

Znów dostajesz **narzędzie** do ręki, które pomoże ci wyrwać się z okopów negatywności. Jesteś gotowy na lepszą **przyszłość**? To przecież twoje życie, twoje zasady. A ten rozdział to początek nowej drogi.

Zrozumienie negatywnych wzorców myślenia

Negatywne myślenie, brzmi znajomo, prawda? Najpierw na scenie pojawiają się **zniekształcenia poznawcze**. Wyobraź je sobie jako błędne filtry, przez które patrzysz na świat. Wszyscy je mamy. Często nieświadomie utrwalamy te negatywne wzorce zamiast myśleć bardziej realistycznie i pozytywnie. Pomyśl o tych zniekształceniach jak o brudnych okularach - zniekształcają to, co widzisz.

Na przykład, "**katastrofizacja**" oznacza, że robisz z igły widły. Zgubiłeś klucze? Ojej, to na pewno oznacza, że trzeci raz z rzędu się spóźnisz, stracisz pracę... naprawdę czarna wizja. Jeszcze **nadmierne uogólnianie**. Ta jedna nieprzyjemna uwaga znaczy, że wszyscy cię tak widzą, zawsze. Jeden przegrany egzamin? Już widzisz koniec kariery. Takie myślenie może pociągnąć na dno każdego z nas.

Teraz, jak zauważyć swoje własne negatywne wzorce myślenia? Tu sprawdzą się **autorefleksje** i **obserwacja**. Bierzesz kawałek papieru czy telefon i notujesz swoje myśli przez dzień czy dwa. Spisujesz myśli takie, jakie są, bez filtra. Potem czytasz je jeszcze raz, na spokojnie. Co w nich odnalazłeś? Katastrofizacja? Nadmierne uogólnianie?

Warto zwrócić uwagę na następujące pytania:

• Czy twoja reakcja jest porównywalna do faktycznej sytuacji? Może przesadzasz z przewidywaniem najgorszego?

• Czy z jednego wydarzenia wysnułeś wnioski na temat całości twoich kompetencji czy charakteru?

• Czy naprawdę wszyscy ludzie w danej sytuacji reagują na twój sposób bycia negatywnie?

Znasz to uczucie zalewającego **niepokoju**? Może właśnie wtedy warto pamiętać, żeby spojrzeć na swoje myśli. Autorefleksje pomagają ci oddzielić emocje od myśli. Obserwacja to klucz, by rozpoznać te wzorce. Staraj się patrzeć na swoje myśli jak na przypływy i odpływy. Pozwól im być, ale nie wpuszczaj ich do środka, nie daj im kontroli nad sobą.

Kiedyś miałem dzień pełen stresu i zacząłem wpaść w książkowy przykład katastrofizacji. Zdenerwowałem się z błahostki, a myśli zaczęły krążyć wokół „co się może stać najgorszego". Wówczas stanąłem na chwilę. Zanotowałem te myśli i przeanalizowałem. Był tam paniczny lęk przed czymś, co tak naprawdę miało niewielkie szanse się wydarzyć.

Jeśli zaczniesz obserwować swoje myśli, zniekształcenia będą stopniowo tracić moc nad twoim życiem. Przemyśl sprawy dobrze, zachowując ich krańcowy obraz, ale bez tych niezdrowych, brudnych filtrów.

I jeszcze raz - zastanów się wtedy, gdy wydaje ci się, że z jednej negatywnej myśli wynika cała lawina podobnych zdarzeń w przyszłości. Nie myl chwilowej porażki z dożywotnią przewidywalnością. Dostrzeżesz je, kiedy nauczysz się patrzenia bardziej na tu i teraz, zamiast dawać się pochłonąć urojonym **scenariuszom**.

Przezwyciężanie zachowań autodestrukcyjnych

Kiedy masz te wszystkie **negatywne** myśli, często prowadzą one do autodestrukcyjnych zachowań. Takie myśli jak "Jestem beznadziejny" albo "Nic mi nigdy nie wychodzi" zapalają iskrę, która może wywołać naprawdę dużą burzę. Właśnie w ten sposób zaczynają się działania, które bardziej ci szkodzą niż pomagają. Myślisz, że coś pójdzie nie tak, więc nawet nie próbujesz. W rezultacie bardziej opóźniasz wprowadzenie jakiejś **zmiany** w swoim życiu.

Kiedy ciągle mówisz sobie, że jesteś do niczego, zaczynasz w to wierzyć i postępujesz tak, jakby to była rzeczywistość. Na przykład, obawiasz się, że znowu popełnisz błąd w pracy. Więc zaczynasz **prokrastynować**, zamiast wykonać zadanie. Pod wpływem presji i stresu to zadanie wykonujesz gorzej niż zazwyczaj, co tylko potwierdza twoje pierwotne obawy. I koło się zamyka.

Jak przerwać ten cykl negatywnych samospełniających się przepowiedni? Zacznij od zmiany sposobu, w jaki myślisz. Kiedy przyłapiesz się na takich negatywnych myślach, zadaj sobie pytanie: „Czy mam na to jakikolwiek dowód?" Może to być trudne na początku, ale im częściej to robisz, tym łatwiejsze się staje.

Jedną z technik pomocnych w walce z autodestrukcyjnymi zachowaniami jest "**Eksperyment** Behawioralny." To taki prosty sposób sprawdzenia, czy twoje negatywne myśli są prawdziwe. Wyobraź sobie, że boisz się, że podczas spotkania się ośmieszysz, bo coś źle powiesz.

Zamiast unikać spotkania, po prostu idź. Ale korzystaj z okazji, by dokładnie obserwować: co się naprawdę stało? Czy faktycznie powiedziałeś coś głupiego? Co zrobiliby inni, gdybyś się przejęzyczył? Wnioski mogą cię zaskoczyć. Takie rzeczy, przed którymi uciekasz w swojej głowie, okazują się znacznie mniej groźne.

Kiedy zrozumiesz, że twoje negatywne myśli nie mają tak wielkiej mocy w rzeczywistości, zamień je na bardziej **pozytywne**. Na przykład, zamiast "Nic mi nigdy nie wychodzi," pomyśl sobie: "Dam radę to zrobić". Małe zmiany myślowe mają duży wpływ na twoje zachowania.

Używaj tych metod regularnie, a zaczniesz widzieć zmiany. **Praktyka**, kwestionowanie i zmiana myśli na mniej autodestrukcyjne przyniesie efekty. Ważne jest to, aby być cierpliwym wobec siebie. Krok za krokiem, zawsze do przodu, choćby małymi krokami.

To trochę jak sadzenie ogrodu – nie zobaczysz wszystkich roślin kwitnących od razu. Ale jeżeli zadbasz o to, by regularnie podlewać, **pielęgnować** rośliny, z czasem pojawią się piękne kwiaty. Tak więc, staraj się powoli przerwać negatywny cykl myśli i zachowań. Z biegiem czasu, zauważysz, że coraz mniej wpływają na ciebie. Staniesz się **silniejszy** i bardziej odporny.

Rozwijanie pozytywnego nastawienia

Ziom, **ustawiłeś** źle suwak w GPSie swojego życia. Wiesz, coś w stylu - wszędzie widzisz problemy, zamiast szans na rozwój i naukę. Ale spokojnie, można to zmienić.

Znasz ten moment, kiedy coś idzie nie tak, a Ty od razu myślisz, że świat się wali? Wiadomo, to normalne. Ale zamiast załamywać ręce, warto podejść do tego inaczej. Pomyśl, że każda trudna sytuacja to **okazja**, by się czegoś nauczyć. Jak gierka, która staje się trudniejsza, ale przez to Ty stajesz się lepszy. Kumpel zmienił pracę i przekonał się, że chociaż strata pierwszej posady bolała, to otworzyła drzwi do czegoś nowego. Tak samo może być u Ciebie. Jasne, może być ciężko, ale zastanów się, co z tego możesz wyciągnąć. Może nową **umiejętność**, może lepszą pracę, a może więcej empatii do innych?

Druga sprawa – wyuczenie **optymizmu**. To nie magia ani żadne czary-mary. To nauka, że możesz zmienić sposób myślenia. Twój mózg jest jak mięsień – można go trenować. I przekonać, że patrzenie na życie pozytywnie to nie tylko puste gadanie, ale coś, co faktycznie pomaga. Optymizm wpływa na **dobrostan** psychiczny. Spotkasz więcej ludzi, masz więcej energii, lepsze samopoczucie. Fajnie, nie?

A teraz ćwiczenie – „Trzy dobre rzeczy". Każdego dnia – najlepiej wieczorem – zapisz trzy rzeczy, które poszły dobrze. Nawet, jak dzień był do bani. Może to być pyszny obiad, miła **rozmowa** z przyjacielem czy spacer w parku. Ważne, by te małe plusy zauważyć. Pisanie ich zmienia focus mózgu z negatywów na te lepsze chwile. Z czasem zauważysz, że łatwiej jest dostrzec dobre rzeczy.

By to dobrze grało:

• Uzmysławiaj sobie codzienne korzyści, nawet małe.

• Pamiętaj, że droga nie zawsze będzie prosta, ale każda przeszkoda to krok do przodu.

• Notuj te plusy - początkowo mogą wydawać się śmieszne, ale warto.

Teraz, kiedy ogarnąłeś podstawy wyuczonego optymizmu, ćwicz „Trzy dobre rzeczy" codziennie. Może wydać się to dziwaczne na start, ale serio, nie odpuszczaj. Dbaj o to tak, jak o poranną kawkę. Powoli, ale skutecznie przestawi Twój umysł na nowe tory. Czasem to, co dobre, wpada do pamięci dopiero po wielu próbach. No bo kto mówił, że będzie łatwo?

Wprowadzaj ten proces **systematycznie**. Jak powoli dostrzegasz pozytywy, łatwiej będzie Ci radzić sobie ze wszystkim w życiu. Tę zmianę zauważysz powolutku. Szklanka do połowy pełna zawsze lepsza... Nawet kiedy coś się sypie, zawsze można z tego wyciągnąć coś małego, optymistycznego.

Pamiętaj, kluczem jest świadome przełączenie **myślenia**. Znalezienie tego małego czegoś w każdej codziennej rutynie. Kto wie, może to, co teraz wydaje się stresujące, okaże się błahostką? Dlatego próbuj, nie poddawaj się. Wierz w swoje możliwości. Sam zobaczysz, że z czasem przyjdzie Ci to z łatwością. Zaufaj procesowi i daj sobie szansę na pozytywne zmiany.

Techniki dla wolności emocjonalnej

Negatywne **emocje** potrafią naprawdę zepsuć ci ogólne samopoczucie i jakość życia. Wgryzają się w twój umysł i serce, trzymając cię w stanie napięcia, stresu i niepokoju. Kiedy takie uczucia rządzą twoim życiem, trudno znaleźć radość w codziennych doświadczeniach. Wiesz, o co chodzi, nie? Czujesz się zmęczony, rozdrażniony, czasem nawet przygnębiony. To jak noszenie ciężkiego plecaka za każdym razem, gdy próbujesz wstać z łóżka. Dziwne, że coś niewidzialnego może mieć taki wpływ.

Teraz coś o regulacji emocjonalnej. To proste, serio - chodzi o umiejętność **zarządzania** i kontrolowania własnych emocji. Dzięki temu nie pozwalasz, by tobą rządziły, i uczysz się, jak nimi sterować. To klucz do osiągnięcia prawdziwej wolności emocjonalnej. Gdy potrafisz regulować swoje emocje, zyskujesz pewną kontrolę nad swoim życiem – i ten wewnętrzny spokój, o którym marzysz. Czujesz się bardziej wyluzowany, pewniejszy siebie i - co najważniejsze - szczęśliwszy.

I tu wkracza genialna technika: Emotional Freedom Technique, czyli **EFT**. Wypróbowałem to wiele razy i muszę przyznać, że działa. Choć na początku wydaje się trochę dziwaczne - porzucić konwencjonalne metody i po prostu stukać się po różnych punktach ciała. Zaskakujące? Tak, ale skuteczne.

EFT polega na delikatnym stukaniu w określone punkty akupunkturowe na ciele, jednocześnie skupiając się na problemie, który cię dręczy. Możesz myśleć o tym jak o **resetowaniu** systemu. Najpierw skup się na negatywnej emocji, którą chcesz uwolnić. Zamknij oczy i wczuj się w ten stan. Potem zacznij stukać sekwencyjnie po punktach na sobie, takich jak meridiany na skroniach, pod oczami czy na mostku, cały czas powtarzając frazę przypominającą o negatywnej emocji. Takie połączenie umysłowego i fizycznego działania jest jak czarodziejska różdżka - pomaga uwolnić **stres** z ciała i umysłu.

Nie musisz być ekspertem, żeby to robić dobrze. Zacznij od prostych rzeczy - lekkich stresów lub małych nieporozumień. EFT pomaga też w większych problemach emocjonalnych. Kurs online, filmik na YouTubie, albo nawet apka na telefon - są naprawdę dostępne źródła, żeby się tego nauczyć.

Regulacja emocjonalna, wsparta techniką EFT, może naprawdę odmienić twoje życie. Gdy zaczniesz odzyskiwać kontrolę nad emocjami, staniesz się bardziej spokojny i otwarty na pozytywne uczucia. Warto to wypróbować - zainwestuj kilka minut każdego dnia, aby poczuć różnicę. Świat będzie wyglądał jaśniej, bardziej optymistycznie. Spróbuj i zobacz sam, jak to może zmienić twoje spojrzenie na **życie**.

Pamiętaj, że nie ma szybkich dróg do **wolności** emocjonalnej - ale z odpowiednimi metodami możesz w końcu puścić cały ten negatywny bagaż i cieszyć się życiem bez tego ciężaru.

Ćwiczenie praktyczne: Przerwanie negatywnych łańcuchów

Pierwszym krokiem do przerwania cyklu negatywnych myśli jest ich **zidentyfikowanie**. Zastanów się, jaka powracająca myśl lub przekonanie cię powstrzymuje. Może to być coś prostego, jak "nigdy mi się to nie uda" lub "nie jestem wystarczająco dobry". Ważne, żebyś zapisał to szczerze.

Teraz, drugi krok: zapisz **dowody**, które wspierają tę negatywną myśl oraz te, które jej przeczą. Na przykład, jeśli myślałeś "nigdy mi się to nie uda", pomyśl o sytuacjach, w których jednak udało ci się coś trudnego. Na drugiej stronie kartki, zapisz sytuacje, które dodają ci otuchy. Ważne, żeby to zrównoważyć.

Trzeci krok: znajdź bardziej zrównoważoną, **realistyczną** alternatywę dla tej negatywnej myśli. Jeśli twoje pierwotne przekonanie było "nie jestem wystarczająco dobry," mógłbyś to przekształcić w "w niektórych rzeczach jestem dobry, a w innych mogę się jeszcze poprawić".

Czas na czwarty krok: opracuj pozytywne **stwierdzenie**, które będzie przeciwdziałać pierwotnemu negatywnemu przekonaniu. To nowe stwierdzenie powinno dawać ci siłę. Może to być coś prostego, jak "mam właściwe kompetencje" lub "pracuję nad sobą codziennie".

Piąty krok to codzienna **praktyka** powtarzania tego nowego stwierdzenia, zwłaszcza gdy pojawia się negatywna myśl. Możesz to robić przed lustrem, w telefonie, gdziekolwiek. Chodzi o to, żeby to stało się częścią twojej rutyny. Jak to robić? Po prostu powiedz sobie, kiedy zaczynają się pojawiać te negatywne myśli.

Tymczasem, szósty krok: prowadź **dziennik**, by śledzić przypadki, kiedy skutecznie wyzywasz negatywne myśli. Możesz w nim zapisywać, kiedy przyszła negatywna myśl i jak zareagowałeś z nowym stwierdzeniem. To pozwoli ci dostrzec postępy i zrozumieć, jak często robisz krok w przód.

Na końcu, siódmy krok: Zastanów się nad **zmianami** w swoich emocjach i zachowaniach, gdy konsekwentnie praktykujesz to ćwiczenie. Może zauważysz, że mniej się stresujesz, czujesz się pewniej lub bardziej pozytywnie patrzysz na przyszłość. Ważne, żebyś zwracał uwagę na te zmiany i docenił swoją pracę nad sobą.

Wdzięczny jestem za ten sposób krok po kroku - prosty do zapisania, ale jego **efekty** widoczne są dopiero po czasie, gdy konsekwentnie trenujesz swoje myśli. Więc staraj się, wdrażając każdy krok jeden po drugim. To droga, którą warto przejść.

Podsumowując

W tym rozdziale dowiedziałeś się, jak **ważne** jest porzucanie negatywnych myśli i zachowań, które cię ograniczają. Poznałeś **techniki**, które pomogą ci zastąpić te destrukcyjne wzorce bardziej pozytywnymi. Oto najważniejsze wnioski:

Nauczyłeś się rozpoznawać negatywne wzorce **myślowe**, takie jak katastrofizowanie i nadmierne uogólnianie. Zrozumiałeś, jak negatywne myśli wpływają na twoje **zachowania** i jak przerywać cykle negatywnych przepowiedni. Poznałeś sposoby przekształcenia negatywnych myśli w pozytywne, poprzez techniki takie jak "Trzy Dobre Rzeczy". Dowiedziałeś się, jak negatywne **emocje** wpływają na twoje samopoczucie oraz jak praktykować regulowanie emocji. Poznałeś praktyczne kroki, które możesz podjąć, aby przerwać negatywne **myśli** i zachowania, w tym tworzenie pozytywnych afirmacji.

Zachęcam cię do wykorzystania **technik** i ćwiczeń przedstawionych w tym rozdziale. Praktykując je codziennie, z czasem zauważysz, jak twoje **myślenie** staje się bardziej pozytywne, a **życie** pełniejsze i szczęśliwsze. Daj sobie czas i bądź cierpliwy - zmiana nawyków to proces, ale efekty są tego warte!

Rozdział 7: Nastawienie na rozwój

Czy wiesz, że sposób **myślenia** może zmienić całe życie? O tak, właśnie tak myśl. Wyobraź sobie, że możesz patrzeć na **trudności** nie jako na przeszkody, lecz jako szanse. Ja też nie wierzyłem, dopóki nie zagłębiłem się w to, co naprawdę znaczy mieć nastawienie na **rozwój**. A co ty o tym sądzisz?

Pomyśl o tych chwilach, kiedy bałeś się **zmiany**. To normalne. Ale już samo zrozumienie, że nie musisz być więźniem swojej strefy komfortu, może dać ci skrzydła. Ta **świadomość** ma moc przekształcania strachu w odwagę.

Jeśli kiedykolwiek czułeś się zablokowany przed wyzwaniami, mam dla ciebie rozwiązanie. Zajmiemy się właśnie tym - przekształceniem trudnych chwil w naprawdę wartościowe **lekcje**. Pomyśl o wyzwaniach jako o trampolinie do czegoś lepszego.

A co, jeśli powiem ci, że możesz rozwinąć **odporność** i zwinność, osiągając po drodze pełen potencjał? Tak, to całkowicie możliwe. Ten rozdział dostarczy ci też praktycznych **ćwiczeń**, które pokażą, jak zastosować wszystko w życiu. Masz szansę na coś wielkiego.

Gotów?

Zrozumienie nastawienia stałego i nastawienia rozwojowego

Podstawową różnicą między nastawieniem stałym a rozwojowym, jak napisała profesor Carol Dweck, jest **podejście** do uczenia się i rozwoju. Ludzie z nastawieniem stałym wierzą, że ich zdolności są ustalone i nie można ich zmienić. Krótko mówiąc - myślą, że mają określoną ilość inteligencji, talentu czy kreatywności, i z tym muszą sobie radzić na co dzień. Jeśli nie są w czymś dobrzy, po prostu odpuszczają i uważają, że nigdy nie będą w stanie tego poprawić.

A teraz nastawienie rozwojowe. Ci ludzie wierzą, że poprzez **wysiłek** i praktykę, mogą się doskonalić i przyswajać nowe rzeczy. Mają taką mentalność, że porażki to tylko okazje do nauki - każda trudność, każde niepowodzenie to kolejna szansa na to, żeby coś zrozumieć i rozwijać swoje umiejętności.

Jak to się przekłada na Twoje życie? No właśnie... Pewnie zauważyłeś, że osoby z nastawieniem stałym często unikają **wyzwań**, bo boją się porażki. Nie wystawiają się na sytuacje, w których mogą być oceniane. A to, w dłuższej perspektywie, ogranicza ich możliwości rozwoju i osiągnięć. Mając stałe nastawienie - zazwyczaj starając się udowodnić swoją wartość, obawiają się ryzyka, które mogłoby zagrozić ich poczuciu inteligencji lub talentu.

Natomiast ci z nastawieniem rozwojowym szukają wyzwań, bo wiedzą, że każda próba to kolejny krok w ich **kształceniu**. Uczą się na błędach i cieszą się z małych postępów. Ich satysfakcja płynie nie tylko z końcowego wyniku, ale również z procesu nauki.

Jak rozpoznać te dwa typy nastawień u siebie lub innych? Zastanów się, jak reagujesz na nowe zadania. Jeśli ktoś proponuje Ci coś trudnego, jak się zachowujesz? Czy myślisz: "O rany, nie dam rady tego zrobić, to nie dla mnie"? Czy może myślisz: "Ok, nie wiem jak to zrobić, ale spróbuję"?

A inni? Może masz kumpla, który stresuje się na każdym **egzaminie**, myśląc: "Jeśli nie dostanę najwyższej oceny, to znaczy, że jestem głupi". To właśnie mentalność stała. Ktoś inny może powiedzieć: "Nawaliłem, ale teraz wiem, na czym polega problem i następnym razem będzie lepiej" - to jest znak nastawienia rozwojowego.

Nastawienie wpływa nie tylko na Twoje osiągnięcia w szkole czy pracy, ale również na relacje z ludźmi i Twoją satysfakcję z życia. Czasami wydaje się, że to drobnostki, ale przekładają się na większy obraz Twojego życia.

Zmienianie sposobu myślenia z stałego na rozwojowy może być **wyzwaniem**, ale daje ogromne korzyści. Przede wszystkim stajesz się bardziej otwarty na nowe doświadczenia, mniej stresujesz się błędami i porażkami, a zamiast tego uczysz się i rozwijasz.

Na koniec warto dodać, że posiadanie nastawienia rozwojowego nie znaczy, że nie mając umiejętności zrobisz coś od razu idealnie. Chodzi bardziej o to, byś widział potencjalny **wzrost** i rozwój w każdej sytuacji, nawet trudnej. To otwiera przed Tobą mnóstwo drzwi i pozwala zauważyć szanse tam, gdzie wcześniej widziałeś tylko przeszkody.

Pokonywanie lęku przed zmianą

Dlaczego zmiana tak cię przeraża? To przecież tylko nowe **okoliczności**, prawda? No, nie do końca. Psychologiczne korzenie oporu przed zmianą sięgają głębiej, niż mógłbyś pomyśleć. Gdy myślisz o zmianach, często kojarzysz je z nieznanym, a jak wiadomo lęk przed nieznanym jest jednym z najmocniejszych.

Lęk przed zmianą wynika z poczucia **zagrożenia**. Twój mózg jest zaprogramowany, by chronić cię przed potencjalnymi ryzykami. Zmiana to dla niego sygnał alarmowy: "To, co znasz, już nie działa. Czas na coś nowego." Ale nie zawsze lubisz nowe rzeczy, co? Ten lęk blokuje cię i nie pozwala na osobisty **rozwój**. Bardzo często wolisz pozostać w strefie komfortu, nawet jeśli jest to coś, co cię hamuje.

No dobra, skoro już wiesz, czemu tak boisz się zmian, to jak możesz przekształcić je w szansę, a nie w zagrożenie? Ważne jest tu **podejście**, jakie przyjmujesz. Takie strategie jak wizualizowanie pozytywnych rezultatów albo podział zmiany na małe, łatwiejsze do ogarnięcia kroki, mogą zdziałać cuda. Krok po kroku, nic na siłę.

Kiedy postrzegasz zmianę jako potencjał do wzrostu, a nie zagrożenie, łatwiej jest ci robić **postępy**. Mógłbyś zacząć od prostego przeformułowania myślenia. Zamiast "Matko, co się teraz stanie?" możesz pomyśleć "Ciekawe, co fajnego to przyniesie." Taka niewielka zmiana w myśleniu może otworzyć wiele drzwi.

Skoro o małych krokach mowa, technika "Rozszerzania Strefy Komfortu" sprawdza się tutaj idealnie. Zamiast skakać na głęboką wodę i nagle zmieniać wszystko, zauważalny **postęp** możesz osiągnąć, robiąc to stopniowo. Zacznij od robienia małych rzeczy, które cię przerażają. Może to być telefon do nieznajomego, samodzielny obiad w restauracji czy zmiana codziennej trasy do pracy.

Im częściej będziesz to robić, tym większej pewności siebie nabierzesz. Każdy mały krok w nowym kierunku poszerza twoją strefę komfortu. W ten sposób niemożliwe wydaje się bardziej dostępne. Masz pomysł na coś, co zawsze chciałeś zrobić, ale brakowało ci odwagi? Skaczemy na głęboką wodę? Nie tym razem. Małe kroki!

Pamiętasz historie, kiedy zrobiłeś coś, co cię przerażało, a potem okazało się to niesamowite? Takie chwile to małe skarby, które należy pielęgnować. Podziel każde **wyzwanie** na małe kawałki, i krok po kroku będziesz czuć się lepiej z tym, co kiedyś wydawało się niemożliwe.

Zmiana może być straszna, ale jest też kluczem do osobistego rozwoju. Psychologiczny opór ma swoje powody, ale rozumiejąc je, możesz je przezwyciężyć. Wizualizowanie pozytywnych rezultatów, dzielenie zmiany na mniejsze kroki i stopniowe rozszerzanie strefy komfortu to strategie, które pomogą ci w pokonywaniu lęku przed zmianą.

W ten sposób nie tylko oswajasz się z nowymi okolicznościami, ale także uczysz się czerpać z nich radość oraz **zadowolenie**. Więc bez pośpiechu, małymi krokami, możesz oswoić każdą zmianę i znaleźć swoją drogę do wolności oraz szczęścia.

Przekształcanie wyzwań w możliwości

Czasami życie rzuca ci pod nogi ciężkie chwile. Wiem, brzmi to jak frazes, ale to prawda. Możesz na nie patrzeć jak na **przeszkody** albo jak na coś, dzięki czemu staniesz się mocniejszy. No właśnie, chodzi o zmianę **perspektywy**.

Znasz te momenty, kiedy wydaje się, że już nie dasz rady. Ale... co, gdybyś spojrzał na te trudności jako okazje do **rozwoju**? Zamiast się martwić, pomyśl sobie: "Hej, to może mnie nauczyć czegoś nowego." Łatwo powiedzieć – ciężko zrobić. Jednak wyzwaniem jest zmiana myślenia, która może zdziałać cuda.

Nazywa się to czasami wzrostem po traumie. Słyszałeś kiedyś o tym? Zasadniczo chodzi o myśl, że po przejściu przez coś trudnego, możesz być silniejszy, mądrzejszy. To nie magia. To **proces**. Powolny, medytacyjny, ale przynoszący rezultaty.

Taka **transformacja** sprowadza się do zmiany sposobu myślenia o tych chwilach. Historia pełna jest osób, które przez swoje najgorsze momenty odkryły ukryte zasoby siły i mądrości. Ważne jest, żebyś nie traktował problemów jako ostatecznego wyroku, a raczej jako tymczasowe stadium – coś, co przejdziesz. Nie bumeluj z wracaniem do starych schematów, ale używaj nowych podejść.

Gdybyś na chwilę zatrzymał się i spojrzał wstecz na swoje życie, zobaczyłbyś, że wiele z twoich największych lekcji pochodzi właśnie z tamtych trudnych momentów. Przekształcenie **wyzwań** polega na zaakceptowaniu i zrozumieniu, że trudności mogą być bodźcem do twoich największych postępów.

Propozycja: ćwiczenie "Przekształcanie wyzwań". Weź kartkę papieru i długopis. Podziel stronę na dwie kolumny. W jednej zapisz wyzwania, z którymi się zmagasz, a w drugiej przekształć je w **możliwości**. Przykład? Problem: utrata pracy. Możliwość: szansa na znalezienie nowej, pasjonującej pracy, nauka nowych umiejętności.

Brzmi prosto, ale to w rzeczywistości bardzo potężne. Spróbuj tego kilka razy, zauważysz zmianę w swoim sposobie myślenia. Postaraj się robić to regularnie – kwestia praktyki. Powtórzenie takiego ćwiczenia naprawdę pomaga zyskać nowe spojrzenie, z którym wygładzenie trudności będzie łatwiejsze.

Zatem, gdy nastąpią kolejny raz ciężkie momenty, nie patrz na nie od razu z pesymizmem. Myśl o nich jak o nieoczekiwanych rozdziałach, które mogą otworzyć przed tobą nowe drzwi. Strach nie jest złym doradcą, ale zależnie od twojego podejścia może być kratą albo **katalizatorem**. Więc mniej frustracji, a więcej okazji – taka siła drzemie w chwili spróbowania czegoś nowego. W tym tkwi prawdziwa moc. Koniec gadania – mniej stresu.

Wszystko jest w twoich rękach.

Rozwijanie Odporności i Zdolności Adaptacyjnych

Gdy myślisz o tym, jak radzić sobie z **trudnościami**, kluczowa jest odporność psychiczna. To jak zbroja dla twojej psychiki. Dzięki niej łatwiej przejdziesz przez ciężkie chwile, odbijesz się od dołka i pójdziesz dalej. Ale jakie są składniki tej zbroi?

Pierwszy to **świadomość** siebie. Musisz znać swoje mocne i słabe strony. Albo po prostu wiedzieć, co cię wkurza, a co daje kopa do działania. Świadomość pozwoli ci lepiej zrozumieć swoje reakcje i lepiej na nie reagować.

Drugi – **akceptacja** zmian. Życie jest ciągle w ruchu. Nic nie jest stałe. I to jest okej. Gdy zaakceptujesz tę myśl, łatwiej będzie ci się dostosować do nowych sytuacji. Trzeba umieć zostawić to, co było i skupić się na tym, co jest teraz.

Trzeci składnik to pozytywne **nastawienie**. Nie chodzi o to, byś był nieustannie uśmiechnięty. Czasem jest po prostu źle. Ale nawet wtedy warto szukać chociaż małych pozytywów. Wtedy łatwiej zaufasz, że z czasem będzie lepiej.

Kiedy już masz te składniki poukładane, czas, abyś przyjrzał się, jak zdolność **adaptacji** wpływa na sukces w dłuższej perspektywie. Wiesz, świat się zmienia. Czasami te zmiany są gwałtowne, jak burza. A czasem wolniejsze, jak cień słońca poruszający się po pokoju. Ale jedno jest pewne – żeby być szczęśliwym i zdrowym, musisz umieć się dostosować.

Masz firmę? Potrzebujesz adaptacji, by sprostać nowym trendom. Pracujesz? Podejmujesz nowe wyzwania, zdobywasz nowe umiejętności. Adaptacja to nie tylko umiejętność przetrwania, ale i rozwijania się razem z tymi zmianami.

Teraz, jak budować tę odporność i zdolność adaptacji? Prosta technika, którą nazywam "**Pomnikiem Wspomnień**", może ci pomóc. Wyobraź sobie, że wszystkie twoje trudności i sukcesy są jak kamienie w pomniku. Nie chodzi o to, żebyś je zapomniał, ale byś uczynił z nich fundamenty. Każdy kamień pokazuje, gdzie byłeś i przez co przeszedłeś.

Pięć kroków tej techniki:

- Zidentyfikuj problem, z którym obecnie się mierzysz.

- Powiedz sobie, że dasz radę – nawet jeśli to wyzwanie życia.

- Przypomnij sobie jeden kamień z przeszłości, który już przeszedłeś zwycięsko. Może to było co innego, ale też dawało w kość.

- Sprawdź, co wtedy ci pomogło. Może rodzina, może hobby, może coś zupełnie innego.

- Wykorzystaj te same metody teraz w nowej sytuacji.

To jakbyś tworzył mapę skarbów ze swoimi doświadczeniami. Ilekroć zobaczysz na ekranie "game over", warto mieć w pamięci, że jeszcze raz ten level masz możliwość przejść z większym doświadczeniem i nowymi zbrojami. Rozwijanie odporności i adaptacja do nowych sytuacji pozwalają ci nie poddawać się i przeć do przodu.

I coś na koniec. Nie komplikuj. Czasami trzeba wyjść na świeże powietrze, wziąć kilka głębokich oddechów i zacząć od nowa, wiedząc, że masz w sobie więcej siły, niż myślisz. Każde **doświadczenie** to kolejny kamień w twoim pomniku wspomnień. A ten pomnik nigdy nie przestanie się rozrastać.

Praktyczne ćwiczenie: Przyjęcie nastawienia na rozwój

Gotowy na przyjęcie nastawienia na **rozwój**? Zaczynajmy!

Najpierw **zidentyfikuj** obszar swojego życia, w którym masz tendencję do posiadania stałego nastawienia. Pomyśl, gdzie czujesz się zablokowany. Może to być kariera, relacje, czy umiejętności, które chciałbyś rozwinąć. Wyobraź sobie, że jesteś w korku na autostradzie - niby chcesz ruszyć, ale coś cię trzyma w miejscu.

Teraz **zapisz** swoje obecne przekonania i nastawienia dotyczące tego obszaru. Może to brzmieć jak: "Nigdy nie będę dobry w matematyce" albo "Nie mogę zmienić swojej ścieżki kariery, jest za późno". Zastanów się: skąd nadchodzą te myśli?

Czas na **zakwestionowanie** każdego przekonania związanego ze stałym nastawieniem. Znajdź dowody na potencjał rozwoju. Myślisz, że nie możesz nauczyć się nowego języka? Pomyśl o kimś, kto to zrobił w twoim wieku lub sytuacji. Zmierz się z przekonaniem jak bokser w ringu.

Stwórz **stwierdzenia** zorientowane na rozwój, aby zastąpić stare przekonania. Zamiast "Nigdy nie będę dobry w matematyce", możesz powiedzieć "Mogę polepszyć swoje umiejętności matematyczne, jeśli będę regularnie ćwiczył". To jak sadzenie nowych nasion w ogrodzie twojego umysłu.

Ustal mały, osiągalny **cel** związany z tym obszarem, który wyprowadzi cię nieco poza twoją strefę komfortu. Jeśli chcesz poprawić swoje umiejętności matematyczne, zapisz się na jeden kurs online. Małe kroki sumują się do ogromnego postępu.

Podejmij **działanie** w kierunku tego celu, koncentrując się na procesie nauki, a nie na wyniku. Myśl o tym jak o podróży. Żadna firma nie zbudowała się w jeden dzień.

Na koniec, zastanów się nad swoim **postępem** i wyciągniętymi wnioskami, niezależnie od rezultatu. Zapisz swoje refleksje - są kluczowe dla twojego rozwoju.

Pamiętaj, wszystko zaczyna się od małych kroków prowadzących do wielkich zmian. Wiem, że potrafisz. Twoja droga naprzód jest klarowna i, co najważniejsze, twoja własna.

Podsumowując

W tym rozdziale **nauczyłeś** się wielu ważnych rzeczy, które mogą pomóc w rozwijaniu nastawienia na **rozwój**. Poznałeś, jak podejście do **wyzwań** i zmian może wpłynąć na twój sukces i samopoczucie. Pamiętaj, że twój sposób **myślenia** ma ogromne znaczenie dla twojego rozwoju, a małe zmiany mogą przynieść wielkie korzyści. Zobacz, czego się nauczyłeś:

• Różnice między "sztywnym" a "rozwojowym" nastawieniem, co pozwala zrozumieć, jak myślenie wpływa na naukę i **sukcesy**.

• Wpływ nastawienia na naukę, zdobywanie osiągnięć i osobisty rozwój, co pokazuje, jak ważne jest mieć "rozwojowy" sposób myślenia.

• Rozpoznawanie oznak "sztywnego" nastawienia, co pomaga ci identyfikować i zmieniać swoje negatywne myśli.

• Strategie radzenia sobie z **lękiem** przed zmianą, co pozwala lepiej przygotować się na nowe wyzwania.

• Postrzeganie trudności jako **szansy** na rozwój, co pomaga ci lepiej reagować na problemy i przekształcać je w możliwości.

Stosowanie tego, czego się nauczyłeś, może odmienić twoje podejście i reakcje na codzienne wyzwania. Przekształć swoje nastawienie na rozwój, aby pogłębić swoje **umiejętności** i stawić czoła każdej przeszkodzie, która stanie ci na drodze. Zacznij już teraz, a zobaczysz, jak wiele możesz **osiągnąć**!

Rozdział 8: Uciszanie wewnętrznego krytyka

Czy kiedykolwiek zdarzyło ci się, że **głos** w głowie ciągle powtarzał, że jesteś do niczego? Czasem ten głos jest głośniejszy niż cokolwiek innego, co nie? Jeśli masz dość tego nieustannego **narzekania** na siebie, trafiłeś w dobre miejsce.

W tym rozdziale wspólnie zajmiemy się prawdziwym **problemem** - tym paskudnym głosem w twojej głowie. Podzielę się swoimi doświadczeniami i **technikami**, które pomogą ci zidentyfikować i zmienić te negatywne wzorce myślowe. Zacznijmy od rozpoznania tych destrukcyjnych schematów – nie sądziłeś, że to takie trudne, prawda?

Potem spróbujemy obalić te samowystarczające **przekonania**, które trzymają cię w miejscu. Przy odrobinie współczucia dla siebie zaczniesz dostrzegać, że sprawy nie wyglądają tak źle, jak ci się wydaje. Ważne jest też przekształcanie negatywnych myśli w bardziej pozytywny obraz.

Wiesz, co jest najlepsze? Mam dla ciebie praktyczne **ćwiczenia**, które pomogą ci zmienić ten wewnętrzny **dialog**. Łap za narzędzia i zaczynajmy... Bo prawdziwa **przemiana** i spokój są na wyciągnięcie ręki.

Identyfikacja wzorców negatywnego wewnętrznego dialogu

Czy zdarzyło ci się kiedyś, że **kłócisz** się sam ze sobą w myślach? Ta nagła wątpliwość, która wyskakuje i zaczyna cię szarpać na części? Nazywamy to wewnętrznym krytykiem. Ten krytyk nie wziął się znikąd, zwykle rodzi się z wczesnych doświadczeń życiowych. Może były to surowe komentarze od rodziców, nauczycieli albo rówieśników. W pewnym momencie ich głosy przeniknęły do twojego wnętrza. Super, co nie? Cała masa ludzi w głowie!

A teraz wyobraź sobie, że ten krytyk podchodzi do każdej sytuacji z negatywnym nastawieniem. Przypomina psychicznego **combra**, który nie odpuszcza. Jest wiele typowych rodzajów tego negatywnego dialogu. Najpierw, myślenie "wszystko albo nic". To wtedy, gdy coś ci nie wyjdzie i myślisz, że cały twój wysiłek poszedł na marne. Albo jak zrobiłeś jedną malutką pomyłkę i od razu uznajesz, że wszystko jest do kitu. Żaden środek - tylko ekstremalne myślenie.

Innym rodzajem jest **personalizacja**. Czyli gdy wydarzenie, które mogło zdarzyć się każdemu, przypisujesz sobie. Spóźniłeś się na spotkanie i nagle myślisz, że zawiodłeś wszystkich. No właśnie, ten łomot skumulowany w "jestem do niczego". Jest tak, jakbyś nosił na plecach cały zestaw win i przypisywał sobie kolejne.

Okej, ale jak w ogóle rozpoznać te wzorce w codziennym życiu? Pierwszy krok to **uważność** na swoje myśli. Prawie jak detektyw na tropie, tyle że w twojej głowie. Sprawdź, co myślisz w różnych sytuacjach. Przyłap się na tym, kiedy myślisz w czarnych barwach albo obwiniasz się bez powodu. Możesz to nawet zapisać, prowadząc dziennik myśli. To takie osobiste archiwum wewnętrznych bitew. Nawet niesamowicie działa!

Ciekawe, na pewno, co z tym **dziennikiem**? Notuj w nim różne myśli, zwłaszcza te krytyczne. Jak często pojawiają się te wzorce? Jesteś w stanie odkryć, które sytuacje wyzwalają je najsilniej? To ważne, bo jak czegoś nie wiemy, nie możemy nad tym pracować.

Przyjrzyj się tym myślom, analizuj je. Zastanów się, czy naprawdę mają sens. Często są one nielogiczne, przerysowane. Przykładowo, myśl "Jestem totalnym **nieudacznikiem**" może być jedynie efektem jednej danej sytuacji, a nie całego twojego życia.

Wiesz co, szukając takich wzorców zauważ, czy przypadkiem nie oceniają one ciebie surowiej niż inni by to zrobili. Pomyśl sobie tak - czy gdyby ktoś bliski opowiadał ci o swoich przeżyciach w taki sposób, powiedziałbyś te same rzeczy? Raczej nie. Bo łatwiej jest być surowym wobec siebie samego, prawda?

I ostatnia rzecz, na którą chciałbym zwrócić uwagę - **dystansuj** się od tych myśli. Traktuj je jako coś odrębnego, a nie samego siebie. Jakbyś pisał najlepszy scenariusz filmu emocjonalnego w swojej głowie. Co pomoże? Przyjęcie perspektywy zewnętrznego obserwatora. Pomyśl, co by ktoś inny, widząc tę sytuację, mógł pomyśleć?

Pamiętaj, idzie tu przede wszystkim o to, aby nauczyć się rozpoznawać i śledzić wzorce negatywnego dialogu wewnętrznego. To jest **walka** o świadomość, która może wyzwolić cię z okowów tego wrednego krytyka. Czego więcej potrzeba, co nie?

Kwestionowanie ograniczających przekonań

Czy zdarzyło Ci się kiedyś, że kłócisz się sam ze sobą w myślach? Ta nagła **wątpliwość**, która wyskakuje i zaczyna cię szarpać na części? Nazywamy to wewnętrznym krytykiem. Ten krytyk nie wziął się znikąd, zwykle rodzi się z wczesnych doświadczeń życiowych. Może były to surowe komentarze od rodziców, nauczycieli albo rówieśników. W pewnym momencie ich głosy przeniknęły do twojego wnętrza. Super, co nie? Cała masa ludzi w głowie!

A teraz wyobraź sobie, że ten krytyk podchodzi do każdej sytuacji z negatywnym nastawieniem. Przypomina psychicznego **combra**, który nie odpuszcza. Jest wiele typowych rodzajów tego negatywnego dialogu. Najpierw, myślenie "wszystko albo nic". To wtedy, gdy coś ci nie wyjdzie i myślisz, że cały twój wysiłek poszedł na marne. Albo jak zrobiłeś jedną malutką pomyłkę i od razu uznajesz, że wszystko jest do kitu. Żaden środek - tylko ekstremalne myślenie.

Innym rodzajem jest personalizacja. Czyli gdy **wydarzenie**, które mogło zdarzyć się każdemu, przypisujesz sobie. Spóźniłeś się na spotkanie i nagle myślisz, że zawiodłeś wszystkich. No właśnie, ten łomot skumulowany w "jestem do niczego". Jest tak, jakbyś nosił na plecach cały zestaw win i przypisywał sobie kolejne.

W porządku, ale jak w ogóle rozpoznać te wzorce w codziennym życiu? Pierwszy krok to **uważność** na swoje myśli. Prawie jak detektyw na tropie, tyle że w twojej głowie. Sprawdź, co myślisz w różnych sytuacjach. Przyłap się na tym, kiedy myślisz w czarnych barwach albo obwiniasz się bez powodu. Możesz to nawet zapisać, prowadząc dziennik myśli. To takie osobiste archiwum wewnętrznych bitew. Nawet niesamowicie działa!

Ciekawe, na pewno, co z tym dziennikiem? Notuj w nim różne myśli, zwłaszcza te krytyczne. Jak często pojawiają się te wzorce? Jesteś w stanie odkryć, które **sytuacje** wyzwalają je najsilniej? To ważne, bo jak czegoś nie wiemy, nie możemy nad tym pracować.

Przyjrzyj się tym myślom, analizuj je. Zastanów się, czy naprawdę mają sens. Często są one nielogiczne, przerysowane. Przykładowo, myśl "Jestem totalnym nieudacznikiem" może być jedynie efektem jednej danej sytuacji, a nie całego twojego życia.

Wiesz co, szukając takich wzorców zauważ, czy przypadkiem nie oceniasz siebie surowiej niż innych. Pomyśl sobie tak - czy gdyby ktoś bliski opowiadał ci o swoich przeżyciach w taki sposób, powiedziałbyś te same rzeczy? Raczej nie. Bo łatwiej jest być surowym wobec siebie samego, prawda?

I ostatnia rzecz, na którą chciałbym zwrócić twoją uwagę - dystansuj się od tych myśli. Traktuj je jako coś odrębnego, a nie samego siebie. Jakbyś pisał najlepszy **scenariusz** filmu emocjonalnego w swojej głowie. Co pomoże? Przyjęcie perspektywy zewnętrznego obserwatora. Pomyśl, co by ktoś inny, widząc tę sytuację, mógł pomyśleć?

Pamiętaj, idzie tu przede wszystkim o to, aby nauczyć się rozpoznawać i śledzić **wzorce** negatywnego dialogu wewnętrznego. To jest walka o **świadomość**, która może wyzwolić cię z okowów tego wrednego krytyka. Czego więcej potrzeba, co nie?

Rozwijanie Współczucia dla Siebie

Współczucie dla siebie to coś zupełnie innego niż samoocena. Słyszałeś kiedyś te głosy w głowie? "Nie jestem wystarczająco dobry", "Nie dam rady". To jest właśnie twój wewnętrzny krytyk. Zamiast tego spróbuj być swoim własnym **przyjacielem**. Wyobraź sobie, że mówisz do siebie ciepło i czule, jak do kogoś, kogo kochasz. To właśnie jest współczucie dla siebie.

Samoocena często zależy od sukcesu i tego, jak widzą cię inni. Gdy coś ci nie wychodzi, samoocena leci na łeb na szyję. Natomiast współczucie dla siebie jest bardziej **stabilne**. Pozwala ci czuć się dobrze, nawet gdy popełniasz błędy. Współczucie dla siebie, ot tak, wspiera **zdrowie psychiczne**. Badania pokazują, że osoby z wysokim poziomem współczucia dla siebie mają mniej lęku i depresji oraz lepsze relacje z innymi ludźmi. Działa to cuda.

Trzy składniki współczucia dla siebie są dość proste. Pierwszy to **życzliwość** dla siebie. Chodzi o traktowanie siebie tak, jak byś traktował najlepszego przyjaciela. Gdy przyjaciel ma zły dzień, co robisz? Pocieszasz go, oferujesz wsparcie, jesteś dla niego łagodny. Zrób to samo dla siebie.

Drugim składnikiem jest wspólne **człowieczeństwo**. Nikt nie jest doskonały, wszyscy popełniamy błędy, doświadczamy trudności. To przypomnienie, że nie jesteś sam w swoich zmaganiach. Jest coś uspokajającego i kojącego w świadomości, że wszyscy miewają ciężkie chwile.

Ostatni składnik to **uważność**. Chodzi o patrzenie na swoje uczucia bez osądu, bez przesadzania. Kiedy coś cię boli, nie zwijaj emocji w wielki węzeł w głowie. Zamiast tego, zauważ to, nazwij, zaakceptuj. Proste, a jakże skuteczne.

A teraz, spróbuj "Przerwy na Współczucie dla Siebie". To ćwiczenie pomoże ci praktykować te trzy składniki, gdy napotkasz trudność. Najpierw zauważ swój ból. Może to być smutek, złość, frustracja. Przyznaj, że jest i daj mu miejsce. Powiedz sobie: "To jest trudne". Następnie, przypomnij sobie, że nie jesteś sam. "Inni ludzie też doświadczają trudności". Na koniec, bądź dla siebie życzliwy. Powiedz coś miłego, jakbyś mówił to do przyjaciela. "Jestem tu dla ciebie", "Zasługujesz na **wsparcie**".

Czasem myślimy, że takiej prostoty potrzebują tylko dzieci. Ale to nieprawda. Wszyscy na tym korzystamy. Nie chodzi o perfekcję. Chodzi o to, by sobie pomóc – zwolnić, zaakceptować swoje człowieczeństwo i okazać sobie łaskawość. Mając te narzędzia w ręku, życie staje się trochę mniej przerażające. Naprawdę się da.

Przeformułowywanie negatywnych myśli

Zacznijmy od tego, jakie myśli musisz przeformułować. Najczęściej są to **negatywne** myśli o tobie samym. To taki wewnętrzny monolog, który sprawia, że czujesz się źle, gdy wpadasz w tę mentalną karuzelę, która nie chce się zatrzymać. Przeformułowywanie pomaga z tym walczyć. Wyobraź sobie, że zmieniasz sposób, w jaki myślisz o czymś złym, na coś bardziej znośnego. Może nawet dobrego? Chodzi o to, żeby przekładanie czegoś w głowie nie było tak **dołujące**.

Jednym z najważniejszych procesów w przeformułowywaniu myśli jest coś, co nazywa się **elastycznością poznawczą**. Brzmi skomplikowanie, ale tak naprawdę to nic trudnego. W skrócie polega to na zdolności do zmiany myślenia, przyjmowania nowych perspektyw i spojrzenia na sprawy z różnych stron. To coś jak możliwość obrócenia problemu w głowie i spojrzenia na niego z innego kąta. Bardzo przydatne i uwalniające uczucie! Ta elastyczność pozwala ci nie tylko myśleć o czymś w nowy, fajniejszy sposób, ale też skuteczniej radzić sobie z trudnościami mimo wszystko.

No dobra, przejdźmy do techniki "Przeformułowywania Myśli". To jest świetna metoda na przekształcanie tego negatywnego monologu wewnętrznego w bardziej zrównoważone myślenie. I nie, nie jest skomplikowane. Zresztą, spróbujmy przeanalizować to na małym przykładzie. Wyobraź sobie, że masz myśl: "Jestem beznadziejny w swojej pracy." Składa się to na bardzo przykry monolog w głowie, który naprawdę nic nie daje, poza pogorszeniem nastroju. Teraz czas na **przeformułowanie**: "Zdarzają mi się błędy, ale pracuję nad poprawą swoich umiejętności." Widzisz różnicę? Pierwsza myśl jest okrutna, druga jest realistyczna, ale daje szansę na poprawę. Teoria teorią, ale najważniejsze jest tu, żeby regularnie ćwiczyć tę technikę.

Zmianę negatywnej myśli na bardziej realistyczną możesz realizować krok po kroku. Najpierw zauważ tę negatywną myśl. Potem zatrzymaj się na chwilę i zadaj sobie pytanie: czy ta myśl jest oparta na faktach, czy to tylko negatywne uczucie? To pytanie już może przyczynić się do zmniejszenia siły tej myśli. Następnie spróbuj **sporządzić** bardziej zrównoważoną wersję swojej myśli. Staraj się być realistyczny, ale przy okazji miły dla siebie. Powiedz sobie coś w rodzaju: "Nauczę się tego, jeśli będę systematycznie pracować."

Ta technika nie działa od razu magicznie, ale z czasem przyjdzie ci łatwiej i stwierdzisz, że po prostu myślisz inaczej, mniej **negatywnie**. To działa trochę jak budowanie mięśni. Za każdym razem, kiedy trenujesz, stajesz się silniejszy.

Właśnie takie małe kroki, bardziej **świadome** myślenie i elastyczność poznawcza pozwalają ci bujać się z życiem na bardziej **optymistycznej** fali, i to bez tonięcia w negatywnych myślach.

Ćwiczenie praktyczne: Przekształcanie wewnętrznego dialogu

No dobra, nie ma co owijać w bawełnę - każdy z nas czasem ma w głowie istny **kocioł** negatywnych myśli. Ale spokojnie, da się nad tym zapanować! Nauczenie się, jak wyłapywać te złe **myśli** i zamieniać je w coś pozytywnego, to nie lada wyzwanie, ale jest do zrobienia. Oto jak możesz się za to zabrać:

Najpierw musisz **zidentyfikować** tę jedną natrętną myśl, która ciągle ci siedzi w głowie. Może to być coś w stylu "Jestem do niczego" albo "Zawsze wszystko spieprzę". Przez jakiś czas obserwuj swoje myśli i złap tę, która najczęściej cię dręczy.

Jak już wiesz, co ci siedzi w głowie, zastanów się nad **emocjami**, które ci towarzyszą, gdy pojawia się ta myśl. Może to być smutek, wkurzenie, wstyd czy frustracja. Zapisz to sobie - przyda się później.

Teraz czas na małe śledztwo. Czy masz jakieś dowody na to, że ta negatywna myśl jest prawdziwa? A może wręcz przeciwnie - są rzeczy, które ją obalają? Pomyśl o konkretnych sytuacjach, kiedy ta myśl się nie sprawdziła.

Pora na **stworzenie** nowej, bardziej wyważonej myśli. To może być jak powiew świeżego powietrza dla twojego umysłu. Zamiast "Jestem do niczego", spróbuj "Czasem coś mi nie wyjdzie, ale ciągle się uczę i rozwijam".

Nie wystarczy tylko wymyślić nową myśl - trzeba ją **ćwiczyć**. Gdy tylko dopadnie cię ta stara, negatywna myśl, powiedz na głos tę nową. To jak nauka nowej gry - im częściej to robisz, tym łatwiej ci to przychodzi.

Kiedy już regularnie używasz nowej myśli, zastanów się, jak wpływa ona na twoje **emocje** i zachowanie. Czujesz się lepiej? Może zauważyłeś, że inaczej podchodzisz do pewnych sytuacji? To ważne, żeby ocenić, czy to ćwiczenie działa.

I ostatnia sprawa - to nie jest jednorazowa akcja. Tak jak dbasz o ogród, musisz dbać o swoje myśli. Negatywne **wzorce** lubią wracać, więc stosuj tę metodę do innych myśli, które ci przeszkadzają.

Zmiana wewnętrznego **dialogu** to niełatwa sprawa, ale naprawdę warto. Dasz radę - małymi krokami do przodu!

Podsumowując

Przyjacielu, właśnie zakończyłeś bardzo **ważny** rozdział, który dotyczył „Silencing the Inner Critic" i jesteś teraz bogatszy o wiele przydatnych **umiejętności**. Poznałeś techniki, które pomogą Ci poczuć się pewniej i lepiej radzić sobie z **negatywnymi** myślami.

W tej części nauczyłeś się, czym jest wewnętrzny krytyk i jakie ma korzenie w Twoich młodszych latach. Dowiedziałeś się, jak rozpoznać negatywne myślenie, takie jak „czarno-białe myślenie" czy personalizacja. Poznałeś techniki **poznawcze**, które zmieniają samokrytyczne myślenie. Nauczyłeś się, jak rozwijać **współczucie** dla siebie i dlaczego jest to ważniejsze niż wysokie poczucie własnej wartości. Odkryłeś też sposoby przekształcania negatywnych myśli na bardziej **zbilansowane** i realistyczne.

Ten rozdział pokazał, jak istotne jest przekształcanie negatywnego myślenia w coś pozytywnego. Teraz czas, abyś wprowadził wszystkie te wskazówki i **narzędzia** w życie. Każdego dnia pracuj nad swoim wewnętrznym dialogiem, dbaj o siebie i patrz realnie, a zobaczysz niesamowite zmiany w swoim codziennym życiu. Masz wewnętrzną **siłę**, której możliwe, że jeszcze nie odkryłeś! Powodzenia i działaj z przekonaniem!

Rozdział 9: Od perfekcjonizmu do dążenia do doskonałości

Kiedyś miałem taki moment w życiu, kiedy **bałem** się popełniać błędy - perfekcjonizm w czystej postaci. Ale czy nie jest to coś, z czym ty też się zmagasz? Jakby każdy krok w stronę **doskonałości** był na wagę złota, a każdy błąd kolejnym gwoździem do trumny... Wciągające, co nie?

W drodze od perfekcjonizmu do doskonałości czeka cię kilka etapów. Najpierw **przyjrzysz** się, jak perfekcjonizm potrafi wyrządzać szkody, często niezauważone. Potem nauczysz się, jak przyjąć sposób **myślenia**, który cię rozwija, wzbogaca i pozwala lepiej zrozumieć własne motywacje. Następnie nadejdzie czas na ustalenie realistycznych i zdrowych **celów**.

Nie można zapomnieć o istotnej części: nauce na **błędach**. Bez samokrytyki, bez tego wewnętrznego głosu, który tyranizuje, wręcz przeciwnie! Lekcja po lekcji, spokojnie. Ale wiesz, co jest najważniejsze w tej drodze? **Praktyczne** ćwiczenie - jak to zastosować w życiu codziennym.

W tej części książki czekają na ciebie proste, ale głębokie przemyślenia i **ćwiczenia**, które, kto wie, mogą całkowicie zmienić twoje podejście do perfekcjonizmu. Przygotuj się... na coś naprawdę **niezwykłego**...

Zrozumienie pułapek perfekcjonizmu

Musisz zrozumieć ekonomiczność podejścia plusów i minusów każdego działania. Czym różni się zdrowe dążenie od nieprzystosowawczego **perfekcjonizmu**? Otóż podstawą zdrowego dążenia jest wyznaczanie realistycznych celów i regularne działanie w ich kierunku bez nadmiernego stresu. Perfekcjonizm nieprzystosowawczy natomiast narzuca beztrosko zbyt wysokie standardy, dążąc do nich bez względu na koszty emocjonalne czy fizyczne. Zdrowe dążenie daje **zadowolenie**, satysfakcję z małych kroków do przodu. Perfekcjonizm z kolei zbyt często prowadzi do frustracji i uczucia nieadekwatności.

Teraz wkraczamy w ciało i **umysł**. Koszty psychologiczne i fizyczne dążenia do nierealistycznych standardów są znaczne. Ciągły stres wynikający z perfekcjonizmu prowadzi do problemów zdrowotnych jak bezsenność, bóle głowy i problemy skórne. W dodatku perfekcjonizm zakłóca życie emocjonalne – uczucie stałego niedosytu, depresja, lęk przed niepowodzeniem. Pewnie doświadczyłeś takich momentów, kiedy walczysz, aby wszystko było idealne, i czujesz się jak marionetka we własnej maszynie postawionych wyśrubowanych **wymagań**?

Perfekcjonizm może paradoksalnie prowadzić do **prokrastynacji** i niedoskonalenia. Jak to się dzieje? Gdy masz przed sobą zadanie wymagające perfekcyjnego wykonania, zaczynasz odwlekać jego realizację, bo boisz się konfrontacji z własnymi oczekiwaniami. I tak masz gościa w swojej głowie, który mówi: "jeśli nie mogę zrobić perfekcyjnie, po co w ogóle zaczynać?" Genialny sposób, aby rzeczy się wcale nie ruszyły do przodu. Znasz ten mechanizm? Jeśli tak, to wiesz, że jest mylący i toksyczny, prawda?

Mamy do czynienia z błędnym kołem. Perfekcjonizm powoduje unikanie podejmowania działań, co prowadzi do zaległości i jeszcze większego **stresu**. Nie robisz nic, bo boisz się niepowodzenia, a im dłużej zwlekasz, tym większe ciśnienie odczuwasz. I znowu unikasz, tworząc błędne koło prokrastynacji i stresu.

A teraz zapytasz, co zrobić? Czy jest jakaś droga wyjścia? Jaka będzie Twoja **strategia**? Moją radą jest przestawić się na "excellentism". Okej, może to nie jest słowo, jakiego używasz na co dzień, ale idea jest prosta: zamiast dążyć do niemożliwego, koncentruj się na robieniu rzeczy jak najlepiej potrafisz. Bez ciągłego biegu za nierealistycznymi wzorcami i oczekiwaniami. Spróbuj poznać radość z czynienia małych kroków, ciesz się nimi i kontynuuj. Następną kwestią będzie wzięcie głębokiego oddechu... zrelaksowanie się i ocena własnych **wartości** opartych na rzeczywistości, a nie na wyimaginowanych standardach. Razem może to prowadzić do bardziej zdrowego i satysfakcjonującego **życia**.

Przyjęcie nastawienia zorientowanego na rozwój

Wyobraź sobie, że masz dwie opcje na stole: obsesyjny **perfekcjonizm** albo dojrzalsza forma dążenia do doskonałości, coś jak excellentyzm. Jest różnica, prawda? I to spora. Życie z ciągłą potrzebą robienia wszystkiego idealnie może być naprawdę męczące. Excellentyzm natomiast pozwala ci osiągać wysokie standardy, ale z większą dozą ludzkości i akceptacją twoich błędów po drodze.

Mając perfekcjonizm jako twoją codzienną praktykę, ciągle myślisz o bezbłędności. Każdy projekt, każde zadanie musi być doskonałe, bez jednego potknięcia. Ale w rzeczywistości to jest super męczące. Excellentyzm to taka droga pośrednia – stajesz się najlepszą wersją siebie, nie wymagając od siebie, żeby wszystko było bez skazy. W końcu jesteś człowiekiem, nie robotem.

Zrozumienie nastawienia na **rozwój** może pomóc ci w tej przemianie. Jeżeli koncentrujesz się na ciągłym rozwoju, zaczynasz widzieć każdą akcję jako okazję do nauki. I to zmienia życie. Perfekcjonizm każe ci myśleć, że musisz być doskonały od razu, a jeśli nie jesteś, to jesteś zły. Nastawienie na rozwój pozwala ci przyjąć, że każde potknięcie to krok naprzód. Zamiast widzieć wady, widzisz lekcje do nauczenia.

Jednym z kluczowych elementów tego nastawienia jest technika "**Postęp** zamiast perfekcji". To naprawdę proste. Zamiast dążyć do bezbłędnych wyników, skup się na tym, żeby z każdym krokiem robić coś lepiej niż ostatnio. To tak, jakbyś wspinał się na szczyt góry – ważne, że idziesz w górę, nawet jeżeli potkniesz się kilka razy na kamieniach.

Możesz zacząć od małych rzeczy. Na przykład, zamiast planować, że nauczysz się nowego **języka** płynnie w ciągu miesiąca, zrób plan, żeby codziennie nauczyć się pięciu nowych słów. Po miesiącu twoja wiedza znacznie wzrośnie. To jest postęp – małe kroki, które prowadzą do dużych zmian.

Z nastawieniem na rozwój, świetnie działają też pytania **refleksyjne**. Po wydaniu artykułu, zadawaj sobie pytania: czego się nauczyłeś, co możesz zrobić lepiej następnym razem? To pomoże ci zorientować się nie na krytyce, ale na ulepszaniu swojej metody.

Rzadko doceniamy małe kroki, które stanowią duże **zmiany** z czasem. Ale "Postęp zamiast perfekcji" sprawia, że jesteś bardziej wdzięczny za każdy krok do przodu. To motywuje i dodaje siły.

Generalnie, przekształcenie perfekcjonizmu w excellentyzm i przyjęcie nastawienia na rozwój to zmiana **myślenia**, dzięki której czerpiesz radość z każdego małego sukcesu. To proces. Każda niewielka poprawka, jaką wprowadzisz w swoim życiu zawodowym czy osobistym, bierze cię bliżej twoich celów. Więc nawet jeśli czasem coś nie wyjdzie, to pamiętaj, że idziesz naprzód. I to jest cały klucz: kroczek po kroczku, aż staniesz się najlepszą wersją siebie – niekoniecznie doskonałą, ale **wyjątkową**.

Wyznaczanie realistycznych i zdrowych standardów

Mało kto wie, jak właściwie wyznaczać wysokie **standardy** i nie wpaść jednocześnie w pułapkę nierealistycznych oczekiwań. Gdzie leży granica? Otóż, wysokie standardy to takie, które cię **motywują** i zachęcają do rozwoju. Nierealistyczne oczekiwania ciągle rzucają ci kłody pod nogi, frustrują i sprawiają, że czujesz się beznadziejnie.

Zastanawiasz się, jak to rozróżnić? Przyjrzyj się swojej **reakcji**, gdy coś ci nie wychodzi. Czy za każdym razem czujesz lawinę negatywnych myśli, grożących wypaleniem? W takim wypadku możliwe, że twoje oczekiwania są nierealistyczne. Wysokie standardy - choć wymagające - powinny inspirować do działania, nawet wtedy gdy coś idzie nie po twojej myśli. Znalezienie tej granicy pozwala unikać pustoszącego stresu oraz skierować energię na produktywne działania.

Tutaj wchodzi w grę ustalanie celów zorientowanych na **proces**, nie na wynik. Dlaczego? Bo taki sposób myślenia pomaga skupić się na działaniach tu i teraz - czyli rzeczach, nad którymi masz kontrolę. Jeśli np. twoim celem jest napisanie książki ciekawej jak "Harry Potter", to wynik - sprzedaż dzieł na masową skalę - może być zbyt przytłaczający. Ale jeżeli skupisz się na procesie: dwie godziny dziennie przy biurku, tworzenie ciekawych postaci i wciągającej fabuły, cel staje się mniej stresujący i bardziej wykonalny.

A teraz tajna broń do wyznaczania celów: metoda **SMART**. Co to takiego? Proste! S - wyznaczasz cel, który jest konkretny; M - sprawdzasz, czy jest mierzalny; A - jest akurat w twoim zasięgu; R - to coś istotnego, nie wymyślasz niepotrzebnych fanaberii; T - musisz wiedzieć, do kiedy ma to być zrobione.

Przykład? Załóżmy, że chcesz lepiej zarobić na pracy dodatkowej. Konkretny cel - zaczniesz dorabiać jako fotograf obsługujący eventy w każdą sobotę. Mierzalny? Okej, próbujesz zdobyć 10 zleceń w miesiącu. Realistyczny? Przemyśl, czy masz na to czas i sprzęt. Istotny? Te zarobki są potrzebne, żeby polepszyć twoją sytuację finansową. Czasowy? Daj sobie rok, żeby zobaczyć rezultaty tej inicjatywy.

Warto pamiętać, że kiedy zdefiniujesz swoje cele w ramach struktury SMART, stają się one bardziej konkretne i możliwe do osiągnięcia. Pozwoli ci to również na monitorowanie **postępów** i wprowadzanie ewentualnych korekt w twoim planie działania.

Oczywiście, na początku będzie ciężko i obiecuję - w wielu chwilach będziesz chciał sobie odpuścić, ale karta się obróci. Droga nie będzie zawsze prosta, ale przy odpowiednim nastawieniu, sprostasz każdemu **wyzwaniu**.

Na koniec, ważne jest, byś nie był dla siebie zbyt surowy. Wysokie standardy są super, ale dbaj o zdrowie psychiczne. Ucz się na błędach, zamiast się nimi katować. Wiedz, że dążenie do doskonałości może być OK, pod warunkiem, że nie odbywa się kosztem twojego spokoju. I życzę ci dużo **sukcesów** w tej ciągłej pracy nad sobą.

Uczenie się na błędach bez osądzania siebie

Perfekcjonizm to prawdziwa pułapka. Potrafi skutecznie **hamować** twoją naukę. Wiesz dlaczego? Strach przed porażką trzyma cię w ryzach. Boisz się zrobić najmniejszy błąd. Wydaje ci się, że tylko absolutna doskonałość jest akceptowalna. Ale to kiepsko działa - na wielu poziomach. Napędza stres, nie pozwala **wyciągać** wniosków, blokuje twoją kreatywność. Gdy wszystko musi być idealne, trudno rozwijać nowe umiejętności.

A co, jeśli spojrzysz na błędy inaczej? "Growth mindset" to sposób myślenia, który przekształca porażki w cenne lekcje. Jak to działa?

Zakłada, że twój umysł i zdolności nie są stałe - możesz je **rozwijać**. Weźmy przykład Andrzeja. Napisał zadanie domowe i myślał, że poszło świetnie, ale nauczyciel skrytykował kilka rzeczy. Zamiast się poddać i obwiniać, przemyślał, co może poprawić następnym razem. Jego błędy pokazały mu, gdzie potrzebuje lepszego podejścia. To właśnie "growth mindset". Uczy cię patrzeć na porażki jak na kroki milowe.

Wybory, które podejmujesz z obawy przed porażką, często są zbyt ostrożne. Nie próbujesz nowych rzeczy, bo boisz się potknięcia. **Hamujesz** siebie już na starcie. A co, gdyby błąd nie był wcale taki straszny? Kiedy popełniasz jakiś błąd, ucz się na nim. Pomyśl, ile razy słyszałeś, jak **inteligentni** ludzie chwalili się, że błędy budują sukces.

Jak więc **analizować** swoje błędy bez samokrytyki? Proponuję technikę "Analizy Błędów". Po prostu spisujesz, co poszło nie tak:

- Co dokładnie zrobiłeś nie tak?

- Jakie były tego przyczyny?

- Co możesz z tym zrobić w przyszłości?

Bez użalania się nad sobą. Bo serio, nie masz na to czasu. Traktuj to jak ćwiczenie – coś, czym możesz się wzmocnić. Bądź obiektywny, ale nie wpadaj w pułapkę osądzania. Pomaga to zobaczyć, gdzie **popełniasz** błędy i co może poprawić twoje codzienne działania. Powinna być to prosta analiza – jak wpis o przebiegu treningu w sportowym dzienniku.

Wielu z nas boi się porażki. Ale możemy się cieszyć, że za każdym razem podnosimy swoje umiejętności, bo uczą nas one czegoś nowego. Bez ciągłego osądzania siebie za niepowodzenia lepiej zrozumiesz proces, który przechodzisz każdego dnia. Gdy przełamiesz strach przed błędem, otworzysz się na kreatywność, innowacyjność i postęp. Przeanalizuj każdy błąd – to twój osobisty podręcznik sukcesu. Pamiętasz historię Edisona? Wiemy, że gdy testował kolejne sposoby okiełznania energii, nieudane próby były dla niego tylko kolejnymi krokami do celu. Warto przyjąć taki styl myślenia o swoich porażkach - nieudane projekty to często cenne lekcje!

Spróbuj więc. Wyciągaj wnioski. Na początku może być trudno, ale nie pozwól, by strach przed porażką cię **ograniczał**. Sprawia on tylko, że stoisz w miejscu - a przecież chcesz osiągnąć sukces.

Wprowadź nowy plan działania - ustaw sobie cele i oceniaj tylko swój postęp. Twoje zamiary są ważne, ale to działanie przynosi efekty. Każdy błąd to szansa na rozwój!

Ćwiczenie praktyczne: Ekscelentyzm w działaniu

Przygotuj się na małą zmianę w podejściu. Czas przestać dążyć do perfekcji i zacząć **kierować** się w stronę ekscelentyzmu. Zaczynajmy!

Wybierz zadanie lub projekt, w którym ciągle szukasz perfekcji. Może to być cokolwiek - raport do pracy, aranżacja pokoju, a nawet przygotowanie kolacji dla przyjaciół. Ważne, żeby było to coś, gdzie zawsze starasz się zrobić wszystko "idealnie".

Teraz ustal sobie realistyczny cel czasowy. Przestań myśleć o perfekcyjnych efektach, a skup się na **postępie**. Chodzi o to, żeby zrobić krok naprzód - nawet jeśli nie ukończysz zadania w 100%. Zamiast myśleć o napisaniu najdoskonalszego raportu w pracy, daj sobie konkretny czas na napisanie najlepszego raportu, na jaki cię stać w ciągu, powiedzmy, 3 godzin.

Podziel swoje zadanie na mniejsze kroki. Zrób listę czynności, rozbijając duże zadanie na łatwiejsze do ogarnięcia **kawałki**. Na przykład, jeśli piszesz raport, podziel go na: zebranie materiałów, napisanie wstępu, rozwinięcie poszczególnych punktów i podsumowanie.

Zdefiniuj, co oznacza "wystarczająco dobre" dla każdego kroku. Realnie, co musisz zrobić, aby było OK, ale niekoniecznie perfekcyjnie? Może to być wykonanie projektu przy minimalnym, ale akceptowalnym nakładzie pracy - tak, żeby wszystko działało, ale bez poprawiania wszystkiego po tysiąc razy.

Najważniejsza rzecz: daj sobie **limit** czasowy na każdy krok. Serio, nie pozwól sobie na poprawianie w nieskończoność. Na przykład, daj sobie 30 minut na zebranie materiałów, godzinę na napisanie wstępu. I trzymaj się tego!

Po zakończeniu zatrzymaj się na chwilę. Pomyśl o tym, czego się nauczyłeś i jak się **poprawiłeś**. Każde takie zadanie, nawet jeśli nie jest perfekcyjne, pokazuje ci, że naprawdę możesz osiągnąć wynik szybciej i mniejszym nakładem energii.

Czas się cieszyć z tego, co udało ci się osiągnąć. Serio, ciesz się. Bez względu na to, czy jest idealnie, czy po prostu "wystarczająco dobrze". Świętuj małe **sukcesy**. Zrobiłeś krok naprzód i to jest coś wielkiego. Zobaczysz, że ten brak desperackiego dążenia do perfekcji uwolni ci wiele czasu i energii.

Przejście od perfekcjonizmu do ekscelentyzmu to **proces**. Każdy krok ma cię nauczyć, że można coś zrobić dobrze, bez obcinania sobie skrzydeł. Czas, żeby twoje projekty przestały być źródłem stresu, a stały się okazją do rozwoju.

No i co - gotowy na nowe podejście? Ta technika zmienia sposób, w jaki patrzysz na swoje zadania. Powodzenia w odkrywaniu swojej nowej, bardziej zrelaksowanej i produktywnej wersji siebie!

Podsumowując

W rozdziale, który właśnie przeczytałeś, dowiedziałeś się **kluczowych** rzeczy o zmianie podejścia z perfekcjonizmu na excellentism. To ważne, żebyś pamiętał, że ciągłe dążenie do doskonałości może mieć **negatywne** skutki, a lepsze jest dążenie do bycia coraz lepszym, zamiast idealnym.

W tym rozdziale zobaczyłeś, jak perfekcjonizm może prowadzić do **prokrastynacji** i mniejszego osiągania celów. Dowiedziałeś się też, dlaczego dążenie do nierealistycznych standardów ma zły wpływ na zdrowie **psychiczne** i fizyczne. Poznałeś pojęcie excellentismu i jak możesz go zastosować zamiast perfekcjonizmu. Nauczyłeś się, jak ustalać realistyczne **cele** i dlaczego ważne są cele zorientowane na proces. Zobaczyłeś również, jak analiza błędów może pomóc ci w nauce bez nadmiernej **samokrytyki**.

Życie to ciągłe **doskonalenie** się. Stosując zasady z tego rozdziału, możesz robić postępy i cieszyć się każdym małym sukcesem. Pracuj nad sobą każdego dnia, doceniaj swoje **osiągnięcia** i pamiętaj, że nie musisz być idealny, żeby być świetny!

Rozdział 10: Praktyka Nieprzywiązania

Czy kiedykolwiek **zastanawiałeś** się, dlaczego tak ciężko odpuścić? Czasem czuję, jakby los różdżką machał nad moim życiem, a ja ciągle kurczowo się czegoś trzymam. Ale wiesz co? Nie musisz tak **żyć**. W tym rozdziale odkryjesz coś magicznego: **tajemnicę** nieprzywiązania.

Zaczniesz od zrozumienia, czym naprawdę jest nieprzywiązanie. Odstawienie na bok rezultatów i **oczekiwań** rzuci nowe światło na twoje codzienne zmagania. Nie chodzi tylko o to, że złapiesz równowagę. Odkryjesz nowy sposób na **przeżywanie** emocji. Emocjonalna elastyczność stała się dla mnie drugim imieniem, odkąd wcielam te zasady w życie. A ty? Gotów spróbować?

Kiedy zrozumiesz, że wszystko jest **tymczasowe**, poczujesz się nagle wolniejszy. To prosty krok, który zmienia wszystko. Jak to mówią, proste rzeczy często są najlepsze. Wprowadzenie tych zasad w życie to świetna **zabawa**.

Na koniec czeka cię małe wyzwanie. Proste ćwiczenie, które pomoże ci opanować **sztukę** nieprzywiązania. Wygląda łatwo, prawda? Ale nie daj się zwieść. To podróż pełna wewnętrznych odkryć. No to co, gotowy?

Zrozumienie koncepcji nieprzywiązania

Czy kiedykolwiek zastanawiałeś się, jak to jest nie przywiązywać się do pewnych rzeczy, miejsc albo ludzi? Często mylimy **nieprzywiązanie** z dystansem, ale to zupełnie różne sprawy. Dystans to jakbyś czuł oddalenie od kogoś lub czegoś, natomiast nieprzywiązanie to niechęć do uzależniania swojego **szczęścia** i spokoju emocjonalnego od konkretnych wyników czy osób. Nieprzywiązanie polega na akceptacji i gotowości na to, co przyniesie życie, bez stresu i szarpaniny.

Wyobraź sobie, że jesteś naprawdę przywiązany do jakiegoś celu. Powiedzmy, chcesz zdobyć wymarzoną **pracę**. Tak bardzo nastawiasz się na ten jeden wynik, że zapominasz o innych możliwościach. Jeżeli coś pójdzie nie tak, tracisz grunt pod nogami, pojawia się frustracja i cierpienie. Przywiązanie do wyników sprawia, że tracisz **elastyczność** i umiejętność dostosowania się do zmieniających się warunków. Krótko mówiąc – stawiasz wszystko na jedną kartę i wpadnięcie w pułapkę porażki jest nieuniknione.

Przywiązanie ogranicza twój osobisty **rozwój**. Skoro tak bardzo dbasz o konkretne rezultaty, zaczynasz unikać ryzyka. Rezygnujesz z nowych wyzwań, z różnych doświadczeń – tylko dlatego, żeby zabezpieczyć swoją strefę komfortu. Tymczasem budowanie własnych ograniczeń kończy się stagnacją. To trochę jak sytuacja, gdy uczysz się jeździć na rowerze, ale trzymasz się ściany z całych sił, bo boisz się upadku. Jasne, nie upadniesz, ale też nigdy nie poczujesz wiatru we włosach podczas jazdy.

I tutaj właśnie pojawia się nieprzywiązanie jako narzędzie do większej odporności i emocjonalnego dobrostanu. Nieprzywiązanie uczy cię, że porażki to nie koniec świata. Dzięki tej metodzie jesteś bardziej elastyczny, szybciej się regenerujesz. Jak gąbka, która po ściśnięciu wraca do pierwotnego kształtu.

Takie podejście daje poczucie **wolności**. Możesz podejmować ryzyko, próbować nowych rzeczy bez lęku przed porażką. Bo co z tego, że się potkniesz? Ważne, że zyskujesz nowe doświadczenie i uczysz się na błędach. Praktyka nieprzywiązania zachęca do tego, żeby cieszyć się samym procesem, a nie tylko końcowym celem.

Pomyśl o nieprzywiązaniu jak o odporności psychicznej. Kiedy jesteś nieprzywiązany, łatwiej radzisz sobie w trudnych sytuacjach, mniej się stresujesz. Nie musisz martwić się, co przyniesie jutrzejszy dzień – wystarczy, że skoncentrujesz się na tym, co dzieje się teraz.

A co z dobrym samopoczuciem **emocjonalnym**? Dzięki nieprzywiązaniu twoje życie staje się spokojniejsze. Eliminujesz skrajne emocje związane z oczekiwaniami. Dajesz sobie przestrzeń do oddychania, relaksu. Nieprzywiązanie to jednocześnie oddanie **wdzięczności** za to, co masz w danym momencie, bez pogoni za więcej lub za lepiej.

Masz już jakiś pomysł? Daj nieprzywiązaniu szansę być częścią twojego życia i zobacz, jak ścieżka, na której jesteś, staje się jaśniejsza i spokojniejsza.

Odpuszczanie rezultatów i oczekiwań

Skupienie się na **procesie**, a nie na wynikach, może naprawdę poprawić twoje samopoczucie i **zdrowie psychiczne**. Koncentracja na tym, co możesz kontrolować teraz, zmniejsza niepewność i pomaga utrzymywać lepszy stan emocjonalny. Wyobraź sobie, że nauka nowych **umiejętności** jest jak podróż. Chodzi tu bardziej o to, by czerpać radość z małych kroków, które robisz każdego dnia. Może to być coś prostego, jak przyjemność z uczenia się czegoś nowego, a nie z samych wyników egzaminów.

Kiedy ciągle skupiasz się na rezultatach, często umykają ci praktyczne korzyści samego procesu. Budzi to nienaturalny **pęd** do osiągnięć – ciągle bierzesz na siebie więcej presji. Gdy zawsze myślisz o tym, co będzie dalej, fajny fakt jest taki, że tracisz moment tu i teraz. To frustrujące, prawda? Widać to w codziennych **pasjach**, jak gotowanie, treningi albo nauka gry na instrumencie – warto pamiętać, że sama droga do celu również może być źródłem **satysfakcji**, a nie tylko osiągnięcie mistrzowskiego poziomu. Serdecznie polecam, żebyś czerpał radość zarówno z długoterminowych celów, jak i krótkotrwałych sukcesów.

Sztywne oczekiwania mogą powodować nadmierne napięcie i stres. Sytuacji nie kontrolujesz, a twoje wygórowane ambicje mogą stawiać przed tobą jeszcze większe **wyzwania**. Bardzo ważne jest, żebyś nauczył się odpuszczać i akceptować rzeczy takimi, jakie są.

Czy nie byłoby przyjemniej, gdybyś po prostu cieszył się z tego, co robisz? Spróbuj skupić się na samym działaniu, a nie tylko na końcowym **rezultacie**. To może być naprawdę wyzwalające i pomoże ci cieszyć się każdym krokiem twojej podróży.

Pamiętaj, że życie to nie tylko cel, ale przede wszystkim droga, którą do niego zmierzasz. Ciesz się **procesem**, bądź obecny w każdej chwili i nie pozwól, by presja osiągnięć odebrała ci radość z codziennych doświadczeń.

Rozwijanie elastyczności emocjonalnej

Czemu warto pracować nad elastycznością emocjonalną? No właśnie, elastyczność emocjonalna to **złoto**! Taka zdolność pomaga niesamowicie w radzeniu sobie ze **stresem** i poprawia twoje relacje z innymi. Gdy życie rzuca ci pod nogi kłody, bycie elastycznym emocjonalnie pozwala na pokonanie problemów z większym spokojem. Wiesz jak to jest — czasem życie daje ci nieźle w kość. Ale kiedy jesteś już bardziej elastyczny emocjonalnie, lepiej radzisz sobie z takimi sytuacjami.

Elastyczność emocjonalna to super **moc**. Wyobraź sobie, że potrafisz reagować na wydarzenia spokojniej, bez zbędnego stresu i dramatu. Pomyśl o tym, jak może pomóc w codziennym życiu.

Wyobraź sobie, że coś idzie nie tak w pracy, albo masz kłótnię z bliską osobą. Taki trening elastyczności emocjonalnej sprawia, że możesz lepiej radzić sobie w takich sytuacjach, co ważne — nie zatracając siebie w emocjach.

Z kolei zwinność emocjonalna, to coś trochę innego, ale równie ważnego. To twoja zdolność do adaptowania się do zmian w życiu. Życie nie stoi w miejscu. Nagle masz nową pracę, nowe wyzwania, straty, zyski — naprawdę dużo się dzieje! I tu wchodzi twoja zwinność emocjonalna. Dzięki temu możesz z większą łatwością przystosować się do nowych **okoliczności**.

Czy zdarzyło ci się kiedyś czuć, jakby świat robił coś zupełnie przeciwko tobie? Wszystko się zmienia, ludzie się zmieniają… No właśnie, bycie zwinnościowym emocjonalnie polega na tym, że w takich momentach potrafisz dostosować się bez stresu, bez panicznego rwania włosów z głowy.

Jak ćwiczyć tę całą zwinność i elastyczność? Tu z pomocą przychodzi technika zwana "Emocjonalnym **Surfowaniem**". Brzmi trochę dziwnie, ale chodzi o to, żeby nauczyć się "pływać" na falach swoich emocji. Nie chodzi o to, żeby walczyć z nimi, próbować je stłumić czy pozbyć się. Raczej, żeby po prostu na nich płynąć, jak na falach morza. (Serio, próbowałem i działa!)

Wsłuchiwanie się w siebie, zauważenie swoich **emocji** — to klucz do sukcesu. Kiedy czujesz gniew, smutek, radość — zamiast odrzucać te emocje, postaraj się je nazwać, zauważyć i pozwolić im być. Nie próbuj ich kontrolować ani z nimi walczyć. Jak nadchodzi fala smutku, po prostu na niej płyń, nie próbując walczyć.

I teraz wyobraź sobie, że masz dzień, który jest tragiczny. Idąc do pracy, możesz ćwiczyć Emocjonalne Surfowanie, obserwując, jakie emocje pojawiają się w tobie. Gdy widzisz, że zaczynasz się denerwować, próbuj powiedzieć sobie: „Okej, to jest gniew – teraz po prostu na nim trochę popłynę." To nie jest łatwe na początku, ale z czasem zaczyna się to udawać.

Rozwijając elastyczność i zwinność emocjonalną, zyskujesz coś naprawdę cennego: umiejętność radzenia sobie z **trudnościami** i przystosowywania się do zmian. Twoje życie staje się bardziej harmonijne, spokojniejsze. Pozwalasz sobie na **oddech**.

I chyba to jest właśnie klucz — żyć w zgodzie ze sobą, niezależnie od tego, jakie fale życia obijają się o twoje brzegi. Może nie zawsze uda się to idealnie. Ale kroczek po kroczku, próbując ćwiczyć Emocjonalne Surfowanie, naprawdę możesz zbliżyć się do większego spokoju.

Odnajdywanie spokoju w nietrwałości

Czy czasem **czujesz**, że świat pędzi zbyt szybko, a ty nie nadążasz? Spokojnie, każdy ma takie chwile. Akceptacja ulotności doświadczeń może zdziałać cuda w redukcji stresu i pomóc ci cieszyć się **momentem**. Wszystko jest w ciągłym ruchu. Gdy się temu przyjrzysz, zobaczysz, że nic nie jest stałe. Nawet twoje myśli.

Wyobraź sobie życie jak film. Każda scena przemija, ustępując miejsca nowej. Jeśli zbyt mocno przywiążesz się do jednej, przegapisz piękno kolejnej. I odwrotnie – skupiając się na przemijaniu, uczysz się **doceniać** każdą chwilę. Naprawdę zgłębiasz moment, gdy zaakceptujesz, że nic nie trwa wiecznie, a wszystko ma swój kres.

Idea "radykalnej akceptacji" jest jak **oddech** świeżego powietrza w szarej codzienności. Wymaga przyjęcia wszystkiego takim, jakie jest, bez upiększania. Czy to dobre, czy złe - wszystko jest częścią twojej drogi. To podejście pozwala zrozumieć, że niepewność to naturalna część życia. Walczyć z nią? To tylko cię zmęczy. Zaakceptować? Wtedy zyskasz spokój.

Pomyśl – gdy porzucisz iluzję kontroli, zaczniesz widzieć świat jaśniej. Przestaniesz bać się przyszłości, bo przestaniesz oczekiwać, że wszystko będzie idealnie poukładane. Nie będziesz planować każdej chwili na zapas i dostrzeżesz **piękno** każdej niespodzianki – zarówno tych miłych, jak i tych mniej przyjemnych.

Jest jedna technika, która pomaga kształtować takie nastawienie. **Refleksja** nad nietrwałością. Może brzmieć filozoficznie, ale jest całkiem prosta. Codziennie poświęć chwilę, by zastanowić się nad ulotnością rzeczy wokół ciebie. To może być coś banalnego jak milknący dźwięk telefonu lub głębszego, jak przemijające uczucie.

Podczas tej refleksji po prostu zwalniasz. Zauważasz zmiany i uczysz się je akceptować. Może wydawać się to błahe, ale ma ogromny wpływ. Kiedy siejesz ziarna akceptacji, zaczynasz dostrzegać piękno w każdej drobnostce, zamiast tylko przechodzić obok. To sprawia, że twoje życie staje się bogatsze w treść niż w niezapomniane wspomnienia, których tak naprawdę nigdy nie przeżyłeś.

By to sobie ułatwić, znajdź swój rytuał – może to być chwila z kawą na balkonie, spacer po parku lub codzienny wpis do pamiętnika. Cokolwiek ci pasuje. I pozwól sobie być uczniem, a nie **sędzią** każdej chwili. To naprawdę zmienia podejście do życia.

To, o czym mówimy, to nie tylko filozofia. To sposób na życie, które jest spokojniejsze, bardziej doceniające każdą drobnostkę. Pamiętaj, każda fala przemija i po każdej burzy wychodzi słońce. Zacznij to dostrzegać, a twoje dni nabiorą zupełnie nowego sensu.

Wiesz, co najważniejsze? Czasem wystarczy tylko spojrzeć za okno i zobaczyć chmurkę zmieniającą kształt. To, co było, ustępuje temu, co jest teraz. Proste, a jednocześnie głębokie. Jak **życie**.

Praktyczne ćwiczenie: Praktykowanie nieprzywiązania

Praktykowanie nieprzywiązania może naprawdę **zmienić** twoje podejście do życia. Ale jak to zrobić? Oto proste ćwiczenie, które pomoże ci zacząć.

Najpierw **wybierz** cel lub pożądany wynik, do którego jesteś obecnie przywiązany. Pomyśl o czymś, co naprawdę teraz chcesz osiągnąć. Może to być awans w pracy, osiągnięcie idealnej wagi lub ukończenie ważnego projektu. Zastanów się nad tą jedną rzeczą. Tak, ten cel, do którego przywiązujesz swoje uczucia i oczekiwania.

Teraz **zapisz** wszystkie oczekiwania i założenia, jakie masz dotyczące osiągnięcia tego celu. Weź kartkę papieru i długopis. Zapisz na niej wszystkie myśli, które przychodzą ci do głowy, gdy myślisz o osiągnięciu tego celu. Jakie masz oczekiwania? Może myślisz, że osiągnięcie tego celu sprawi, że poczujesz się pewniej siebie, szczęśliwszy lub bardziej spełniony. Co to dla ciebie znaczy? Wszystko spisz, bez oceniania.

Dla każdego oczekiwania **rozważ** alternatywne wyniki lub sposoby, w jakie rzeczy mogą potoczyć się inaczej. Co jeśli twój idealny wynik się nie spełni? Jakie mogą być inne sposoby, w jaki ta sytuacja może się potoczyć? Na przykład, może awans w pracy nie przyjdzie natychmiast. Ale zamiast tego, zyskałeś nowe umiejętności albo stworzyłeś trwałe relacje z kolegami. Przemyśl różne sposoby, w jakie mogłaby się rozwinąć twoja sytuacja.

Zidentyfikuj aspekty procesu, które możesz **cieszyć** się lub z których możesz się uczyć, niezależnie od wyniku. Pomyśl o tym, co w samym procesie dążenia do celu jest przyjemne lub pouczające. Może to zabawa w nauce nowych rzeczy, spotykanie ciekawych ludzi po drodze, czy też zwykłe uczucie bycia zajętym i produktywnym. Skup się na tych pozytywach, które będą ci towarzyszyć bez względu na ostateczny wynik.

Stwórz mantrę lub **afirmację**, która wzmocni twoje zaangażowanie w proces, a nie tylko w wynik. Wymyśl krótką frazę, która pomoże ci pamiętać, że to droga jest ważniejsza od mety. Na przykład: "Ciesz się podróżą" lub "Każdy krok ma znaczenie". Ta mantra będzie jak przypomnienie, że istnienie w chwili obecnej jest cenne samo w sobie.

Ćwicz **powtarzanie** tej mantry codziennie, zwłaszcza gdy czujesz się niespokojny o wynik. Robisz sobie przerwę w pracy? Powtarzaj swoją mantrę. Przed zaśnięciem? Zastanów się nad nią. Im częściej będziesz ją powtarzać, tym bardziej stanie się częścią twojej mentalności. Pomaga w trudnych chwilach, kiedy zaczynasz odczuwać stres lub obawy dotyczące wyniku.

Na koniec, zastanów się, jak ta zmiana w skupieniu **wpływa** na poziom twojego stresu i ogólną radość z podróży. Poświęć czas na refleksję. Czy czujesz mniej stresu? Czy zaczynasz widzieć radość tam, gdzie jej wcześniej nie dostrzegałeś? Sprawdź, jak zmienia się twoje podejście do codziennych zadań. Może zauważasz, że sama podróż stała się bardziej odprężająca i pełna radości, niezależnie od końcowego wyniku.

I to wszystko. Powolne, spokojne odłączenie się od rezultatu jest częścią większego obrazu, który pozwala nam cieszyć się każdą chwilą bardziej pełniej.

Podsumowując

W tym rozdziale dowiedziałeś się, jak **ważne** jest poniechanie przywiązania do określonych rezultatów oraz rozwijanie **elastyczności** emocjonalnej. Zobaczyłeś, jak praktykowanie nieprzywiązania może prowadzić do większej **swobody** życiowej i spokoju umysłu.

Warto zapamiętać kilka kluczowych punktów:

- Nieprzywiązanie to nie obojętność - to akceptacja wyników bez utraty **zaangażowania**.

- Przywiązanie do rezultatów może prowadzić do cierpienia i hamować **rozwój** osobisty.

- Nieprzywiązanie wzmacnia odporność emocjonalną i poprawia **samopoczucie**.

- Skupienie na procesie zamiast na wynikach przynosi korzyści psychiczne i zmniejsza **stres**.

- Elastyczność emocjonalna wspiera radzenie sobie ze stresem i relacjami z innymi ludźmi.

Zachęcam cię do wprowadzenia tych praktyk do swojego codziennego **życia**. Obserwuj, jak zmieniają się twoje reakcje i jak poprawia się twoje samopoczucie. Każdego dnia możesz pracować nad lepszym zrozumieniem siebie i swojego otoczenia, co prowadzi do spokojniejszego i bardziej spełnionego życia. Warto podejmować **wyzwania** i cieszyć się procesem, a nie tylko oczekiwać na efekty. To podejście pomoże ci żyć pełnią życia, wolnym od niepotrzebnego przywiązania i stresu.

Rozdział 11: Przepisywanie negatywnych scenariuszy własnego życia

Czy kiedykolwiek zastanawiałeś się, dlaczego **myśli**, które pojawiają się w twojej głowie, są często tak negatywne? Czasami wydaje się, że twój wewnętrzny głos jest twoim najgorszym krytykiem. Sama padłam nie raz ofiarą tych szkodliwych myśli. Ty też? No właśnie, dlatego ten rozdział jest dla ciebie.

W tej części książki wrócimy do korzeni, zajmując się **rozpoznaniem** tych złych schematów myślowych. Będziesz mógł nie tylko zauważyć, jakie opowieści sobie mówisz, ale też nauczyć się je przekształcać. Będziemy pracować nad budowaniem bardziej **wspierających** siebie scenariuszy, abyś mógł napisać swoją historię od nowa.

Aby to osiągnąć, pokażę ci pewne **techniki**, dzięki którym twoje myśli staną się bardziej pozytywne i pełne optymizmu. Nauczysz się tworzyć nowe, **inspirujące** opowieści o sobie, które będą wprowadzać więcej pewności siebie i **samoakceptacji** do twojego życia.

A na końcu – mała niespodzianka! Przygotowałam praktyczne **ćwiczenie**, które pomoże ci na stałe zrewidować swoje własne scenariusze. To będzie twój pierwszy krok ku czemuś lepszemu. Teraz zaczynamy, gotowy?

Pamiętaj, że zmiana sposobu **myślenia** to proces, który wymaga czasu i cierpliwości. Nie zniechęcaj się, jeśli nie od razu zauważysz efekty. Każdy mały krok w kierunku pozytywnego nastawienia to już sukces. Daj sobie czas i bądź dla siebie wyrozumiały. Powodzenia w odkrywaniu nowej, lepszej wersji siebie!

Rozpoznawanie szkodliwych wzorców narracyjnych

Czy kiedykolwiek **zastanawiałeś** się nad tym, jak twoje własne **opowieści** wpływają na twoje życie? Zrozumienie, czym są auto-scenariusze i jak kształtują nasze przekonania o sobie, może naprawdę zmienić twoje podejście do życia. Auto-scenariusze to te **historie**, które opowiadasz sobie o tym, kim jesteś, jakie masz możliwości i jakie są twoje ograniczenia. Może nawet sobie tego nie uświadamiasz, ale one mogą mieć ogromny wpływ na twoje zachowanie i postrzeganie siebie.

Ujmijmy to prościej: auto-scenariusze działają jak soczewki, przez które patrzysz na świat i na siebie. Kiedy te soczewki są zaśmiecone negatywnymi **przekonaniami**, często prowadzą do zachowań sabotujących twoje szczęście i sukces. Typowe negatywne auto-scenariusze? No cóż, jest ich sporo, ale jedne z najbardziej powszechnych to właśnie narracje "ofiary" i "oszusta".

Auto-scenariusz "ofiary" zawsze wiąże się z poczuciem, że cały świat jest przeciwko tobie. Czujesz, że jesteś wiecznie pechowy, że nic ci się nie udaje i że inni mają lepiej. Przejawia się to w myślach typu: "Zawsze wszystko idzie źle" albo "Dlaczego to zawsze muszę być ja?". Taka narracja prowadzi do bezsilności i braku wiary we własne możliwości. Wiesz, jak to jest - zaczynasz myśleć, że po prostu nie masz szans na lepsze życie.

Z kolei narracja "oszusta" wciąga cię w pułapkę przekonania, że jesteś niekompetentny, a sukcesy, które osiągnąłeś, są wynikiem szczęścia, a nie twoich **umiejętności**. To tak, jakbyś głęboko wierzył, że jesteś fałszerzem w przebraniu, który prędzej czy później zostanie przyłapany. Myśli w stylu "Nie zasługuję na to" albo "Wkrótce wszyscy zorientują się, że jestem do niczego" stają się normą, co utrudnia rozwijanie twojej kariery czy relacji z innymi.

Jak rozpoznać swoje negatywne auto-scenariusze? Jest na to kilka sposobów. Przede wszystkim, warto poświęcić chwilę na **autorefleksję**. Może zapisz swoje myśli i uczucia w różnych sytuacjach, kiedy czujesz się przytłoczony lub zdołowany. Zwróć uwagę, które myśli powtarzają się najczęściej. Czy mają one wspólny mianownik? Czy są według ciebie prawdziwe, czy to tylko chwilowy nastrój? Naprawdę możesz się zdziwić, jak wiele tego typu myśli bazuje na przestarzałych, niefunkcjonalnych narracjach.

Warto też zwrócić uwagę na wzorce w swoich **zachowaniach**. Kiedy unikasz podejmowania wyzwań, bo boisz się porażki, być może masz do czynienia z auto-scenariuszem "oszusta". A może, przeciwnie, gdy zawsze rezygnujesz przy pierwszych niepowodzeniach, jesteś więźniem narracji "ofiary".

Dobrym pomysłem jest też pogadanie z bliskimi, przyjaciółmi czy terapeutą. Czasami ktoś z zewnątrz łatwiej zauważy twoje negatywne wzorce niż ty sam. Również pomoc specjalisty może być nieoceniona w zrozumieniu i przemodelowaniu tych narracji na bardziej pozytywne.

Zmiana auto-scenariuszy nie dzieje się z dnia na dzień, ale **świadomość** ich istnienia to już krok w dobrą stronę. Pracując nad nimi, możesz zyskać więcej pewności siebie, a także otworzyć się na nowe możliwości, które wcześniej wydawały się nieosiągalne. W końcu to ty piszesz swoją własną **historię**!

Techniki restrukturyzacji poznawczej

Zasady restrukturyzacji poznawczej są podstawą zmiany negatywnych wzorców myślowych. Chodzi o to, żebyś nauczył się **rozpoznawać** swoje negatywne przekonania i zmieniać je na bardziej pozytywne i realistyczne. To forma zmiany, która skupia się na tym, jak twoje myśli wpływają na twoje **emocje** i zachowania. Bo przecież, jeśli ciągle myślisz o sobie źle, to trudno będzie ci czuć się dobrze, nie?

Jednym z najprostszych, ale bardzo **skutecznych** sposobów na to, jest model ABC, który pochodzi z terapii poznawczo-behawioralnej. Spójrz, jak to zazwyczaj działa. Ogólnie mówiąc, A to Wydarzenie Aktywujące, czyli sytuacja, która wywołuje twoje myśli. B to Przekonania, czyli to, co myślisz na temat tego wydarzenia. A C to Konsekwencja, czyli jak się czujesz i jak się zachowujesz na skutek tych myśli i przekonań.

Weźmy przykład. Wyobraź sobie, że spotykasz kogoś znajomego na ulicy, ale ta osoba cię nie zauważa i nie wita się. Wydarzenie Aktywujące to brak powitania. Twoje przekonanie może być takie, że ta osoba cię nie lubi lub ignoruje. Konsekwencją tego przekonania może być smutek lub złość. Ale jeśli potraktujesz to wydarzenie neutralnie i powiesz sobie, że może nie zauważyła cię, bo była zajęta lub zamyślona, to twoje emocje też będą inne, prawda?

Teraz pora nauczyć się techniki Rejestru Myśli. To **narzędzie**, które pomaga systematycznie kwestionować i restrukturyzować negatywne wzorce myślowe. Taka mentalna gimnastyka. Jak to działa? Otóż notuj sytuacje, które wpływają na twoje złe samopoczucie, co czujesz w tych momentach, jakie myśli pojawiają się w twojej głowie i co one oznaczają.

Oto kilka wskazówek do utrzymania Rejestru Myśli:

- Otwieraj notatnik lub dokument za każdym razem, gdy zauważysz, że jakaś sytuacja wywołuje negatywne myślenie.

- Zapisuj konkretną sytuację (Wydarzenie Aktywujące).

- Opisz, jakie emocje czujesz w związku z tą sytuacją.

- Spisuj myśli, które nachodzą cię w tej chwili (Przekonania).

- Zastanów się i zapisz alternatywne, bardziej pozytywne lub neutralne myśli, które miałyby zastosowanie w tej samej sytuacji.

Na przykład: koleżanka nie odpisała na twoją **wiadomość**. Możesz pomyśleć, że cię ignoruje, co wywoła smutek albo złość. Ale potem kwestionujesz tę myśl. Może jest zajęta? Może nie zauważyła jeszcze wiadomości? Może ma trudny dzień. Te alternatywne wyjaśnienia mogą pomóc złagodzić twoje emocje.

I nie zapomnij, że kluczem jest **praktyka**. Na początku może to być trudne i wymagać trochę czasu, by nabrać wprawy. Ale z czasem zauważysz, że twoje myśli zaczynają się zmieniać bez specjalnego wysiłku, pojawiają się bardziej realne i pozytywne idee zamiast tych negatywnych.

Pomyślność tego procesu polega na tym, że nadzieje, przekonania i fakty zostają zweryfikowane. Warto zaznaczać **sukcesy** i postępy, które robisz w tej dziedzinie, choćby dla siebie. Cotygodniowe przyglądanie się własnym notatkom może przynieść naprawdę nieocenione korzyści. Właśnie to jest restrukturyzacja poznawcza – skuteczna droga do pozytywnych zmian!

Tworzenie inspirujących osobistych historii

Weźmy na warsztat przeformułowanie twoich osobistych **narracji**, by podkreślić to, co dobre. Czasem opowiadasz sobie historie, które dosłownie kręcą się wokół twoich błędów. To, czym karmisz swoje myśli, ma ogromny wpływ na twoje życie. Więc zaczynajmy!

Żeby przestać **myśleć** o negatywach, warto skupić się na swoich mocnych stronach i odporności. Na przykład, zamiast myśleć "Jestem do niczego, bo nie dostałem awansu", możesz powiedzieć "Jestem wytrwały, bo mimo wielu przeszkód dalej ciężko pracuję". To drobna zmiana, ale potrafi zdziałać cuda.

Kiedy pozwalasz myślom przeskoczyć z miejsca przeszkód na miejsce sukcesu, znajdujesz **motywację** i twoja samoocena idzie w górę. Znasz to uczucie, kiedy opowiadasz komuś o swoim dniu i skupiasz się na tym, co poszło nie tak? Bijesz sam siebie. Lepszą opcją jest pokazanie, że jesteś silny i jesteś mistrzem dawania sobie rady.

Teraz o **tożsamości** narracyjnej, która wpływa na twoje życie. To te twoje "wewnętrzne gadki", które kształtują twój obraz siebie. Jeśli powtarzasz, że zawsze zawodzisz, to jak ma ci się udać? Ale gdybyś zajął się opowieściami o swojej wytrwałości albo o tym, jak często przezwyciężałeś trudności, twoja samoocena może wzrosnąć.

Motywacją do działania jest też możliwość wyolbrzymienia tego, co jest w tobie wyjątkowe. Opowiadając sobie o własnych osiągnięciach, przypomnij sobie nawet drobne sukcesy. To, że pokonałeś strach przed publicznym przemawianiem albo że nauczyłeś się nowego języka – wszystko ma znaczenie.

A teraz o ramach "Podróży Bohatera". To taka struktura, którą możesz wykorzystać do tworzenia inspirujących historii osobistych. Chodzi o to, byś widział siebie jako **bohatera** swojej opowieści. Przeżywasz przygody, spotykasz przeszkody, ale na końcu zawsze znajdujesz rozwiązania i uczysz się czegoś nowego. To jak w każdej dobrej książce czy filmie: bohater nie ma łatwo, ale właśnie dzięki temu staje się silniejszy i mądrzejszy.

Przyjmij więc, że twoje życie to książka. Masz kryzysy, przełomowe momenty i **zwycięstwa**. Każde wyzwanie jest etapem podróży, gdzie coś zyskujesz. Tak patrząc na swoje życie, łatwiej znajdziesz sposób na polepszenie swojej sytuacji.

Czy to brzmi jak coś z wiersza? Może i tak, ale wbrew pozorom twój umysł uwielbia takie struktury. W "Podróży Bohatera" masz: wyzwanie, próbę, mentorów, sojuszników i na końcu triumf. Taki sposób myślenia pozwala ci dostrzec własne sukcesy nawet tam, gdzie wydają się niewidoczne.

Przeformułowanie osobistych narracji, budowa tożsamości narracyjnej oraz zastosowanie ram "Podróży Bohatera" to kroki, które są do zrealizowania. Myślisz, że to za dużo? Możesz powoli zaczynać od drobnych zmian. Każda zmiana to zaczyn do ciągłych **sukcesów**.

Bądź szczęśliwy. Przekonaj się, jak mocno zmienia się twoje życie, kiedy zaczniesz opowiadać sobie inne historie.

Wzmacnianie pozytywnych przekonań o sobie

Negatywne ścieżki neuronowe są jak stare, wydeptane drogi – wiesz, trudno ich unikać. By je zmieniać, musisz zacząć konsekwentnie **wzmacniać** nowe, pozytywne nawyki myślowe. Odnosiłeś wrażenie, że ciągle wracasz do negatywnych wzorców? To dlatego, że twój **mózg** trzyma się tego, co zna. A żeby to zmienić, potrzeba czasu i wysiłku. Kluczem tu jest **konsekwencja**. Każda chwila, gdy świadomie myślisz w nowy sposób, pomaga w tworzeniu nowych ścieżek neuronowych - jak wytyczanie nowej, pięknej trasy.

Autoafirmacje mogą brzmieć trochę jak magiczne zaklęcia, ale gdy je regularnie powtarzasz, mają realny wpływ. Przekładają się na wyższą **samoocenę** i lepsze wyniki w różnych aspektach życia. Czym są? To pozytywne stwierdzenia o sobie, które powtarzasz, by przekształcić swoje myśli. Na przykład, zamień "Nigdy mi się to nie uda" na "Mam zdolności, by to osiągnąć". Brzmi dziwnie, ale działa – bo zaczynasz wierzyć w to, co mówisz. Widzisz? Tworząc nowe ścieżki neuronowe, wzmacniasz pozytywne przekonania o sobie.

Chcesz pro tip? Prowadź "Dziennik Pozytywnych Dowodów". Każdego dnia zapisuj małe **sukcesy** i pochwały, jakie usłyszałeś. Cokolwiek, co pokazuje, że masz wartość. Na początku może ci się wydawać, że nie masz czego zapisywać, ale zaczniesz zauważać więcej dobrych rzeczy. Jest to jak tworzenie skarbnicy dobrych wspomnień. Gdy czujesz się źle, wracasz do tych notatek i przypominasz sobie, jak wiele jest powodów do dumy. Słyszałem, działa na każdym!

Ważne tu jest regularne praktykowanie tych technik. Każdy ma upadki i gorsze dni, ale chodzi o to, by nie tracić z pola widzenia większego obrazu. Rób małe kroki, a zauważysz, jak pozytywne przekonania zaczynają się kształtować. Autoafirmacje wymagają cierpliwości – nie zmienisz myśli w jeden dzień. Ale codzienne powtarzanie tych pozytywnych stwierdzeń naprawdę działa.

A teraz, wiesz co? Spróbuj tego. Zacznij dzień od trzech pozytywnych afirmacji. Powiedz sobie, z czego jesteś dumny, na co czekasz i co ci się udało wczoraj. Możesz też użyć porannego "Dziennika Pozytywnych Dowodów". Powtarzaj to codziennie, niech stanie się jak poranna kawa - coś, co robisz automatycznie. Praktyka czyni mistrza.

Chcesz dodatkowo – sorry, ale to działa: otwórz swój mózg na możliwość, że możesz naprawdę coś zmienić. Nie musisz zaczynać od wygórowanych deklaracji. Wystarczy prosty, ale szczery: "Codziennie jestem lepszy/a". Małe kroki prowadzą do wielkich **zmian**. Więc działaj konsekwentnie, daj sobie trochę czasu i zobacz, jak twoja samoocena zacznie **wzrastać**.

Praktyczne ćwiczenie:
Samodzielna rewizja scenariusza

Cześć! Chodzi o to, żebyś faktycznie **zmienił** swoje myślenie. Naprawdę, da się to zrobić, tylko musisz spróbować. Weźmy się więc do roboty i zróbmy to razem.

Pomyśl o tych chwilach w życiu, kiedy czułeś, że coś cię powstrzymuje. Jakie myśli wtedy przelatywały przez twoją głowę? Które słowa? To jest twój negatywny **scenariusz**. Może to być nieśmiałość w pracy, strach przed odrzuceniem, czy uczucie, że nie jesteś wystarczająco dobry. Najważniejsze jest, żeby to dokładnie zidentyfikować.

Zapamiętaj, jakie konkretne myśli i uczucia **doświadczyłeś** w tych momentach. Przełóż to na papier. „Nigdy nie osiągnę sukcesu, bo zawsze wszystko psuję." Albo „Nie zasługuję na bycie szczęśliwym, ponieważ zawsze w jakiś sposób zawalam sprawy." Zapisz je. Skup się na emocjach - smutek, złość, lęk. Każdy detal ma znaczenie.

Teraz, przejdź przez każdy z tych negatywnych elementów. Dlaczego w to wierzysz? Istnieją jakieś dowody na to, że to prawda? Czy była sytuacja, w której się odmieniło? Może mimo strachu zagrałeś świetnie na koncercie? Albo mimo wątpliwości udało ci się osiągnąć jakiś cel? Podważaj wszystko.

Zastąp teraz negatywny scenariusz nowym. Tym razem pełnym pozytywnych **przekonań**. Skorzystaj ze swoich dowodów sprzed chwili. „Jestem zdolny do osiągania sukcesów, bo już wcześniej to zrobiłem." Albo „Zasługuję na szczęście, ponieważ mam wiele do zaoferowania." Niech ten nowy scenariusz odzwierciedla twoje cele i wartości.

Zastanów się, co możesz zrobić, by podtrzymać ten nowy scenariusz w rzeczywistości. Może to być ćwiczenie prezentacji, jeśli boisz się mówić publicznie. Albo zapisać się na kurs, który podniesie twoje **kwalifikacje**. Każde konkretne działanie pomaga wzmocnić nowe przekonanie.

Pokochasz afirmacje i **wizualizacje**. Pisz i mów sobie na głos te pozytywne przekonania każdego dnia. Wyobrażaj sobie scenariusze, w których odnosisz sukcesy, realizujesz swoje marzenia. Idź przez życie z tym nowym podejściem. Będziesz zaskoczony różnicą.

Każdy mały sukces, każdy mały krok naprzód - zapisz to. Prowadzenie **dziennika** sprawia, że widzisz swoje postępy. To dowody, że twój nowy sposób myślenia działa. Każda zanotowana wygrana umacnia cię w tym nowym przekonaniu.

I to wszystko. Teraz, bierz się do **roboty**! Praca nad sobą to proces, ale efekty są tego warte. Pisząc te scenariusze, naprawdę zmieniasz swoje życie. Więcej odwagi i śmiałości w codziennych działaniach. Powodzenia!

Podsumowując

W tej części rozdziału **dowiedziałeś** się, jak ważna jest zmiana negatywnych auto-skryptów, aby wpływać na twoje zachowania i samopostrzeganie w sposób pozytywny. **Zrozumienie**, jak negatywne narracje mogą sabotować twoje cele, jest kluczowe do ich przekształcenia w coś bardziej wzmacniającego. Zastosowanie kognitywnego przebudowywania oraz technik konstrukcji nowych, pozytywnych historii daje ci **narzędzia** do trwałych zmian. Praktyczne ćwiczenia pomagają w codziennym umacnianiu nowych, pozytywnych **przekonań** o sobie.

W tej części **nauczyłeś** się:

• Co to są auto-skrypty i jak wpływają na twoje zachowania i samopostrzeganie.

- Różne rodzaje negatywnych auto-skryptów, takie jak "ofiara" czy "oszust".

- Jak **rozpoznać** swoje negatywne auto-skrypty poprzez samorefleksję i dostrzeganie wzorców.

- Techniki przebudowywania kognitywnego i jak mogą ci one pomóc w zmianie negatywnych wzorców myślowych.

- Jak **stworzyć** i umocnić nowe, pozytywne narracje o sobie, w tym poprzez „Dziennik Pozytywnych Dowodów."

Kończąc tę część, warto, żebyś **praktykował** to, czego się nauczyłeś, każdego dnia. Małe kroki w kierunku przekształcania negatywnych myśli w pozytywne mogą prowadzić do wielkich zmian w twoim życiu. Pamiętaj, masz wszystkie narzędzia, które są potrzebne do tego, aby przemienić swoje auto-skrypty w narracje pełne siły i optymizmu. Sprawdź, jak wpływają one na twoją codzienność i odkryj lepszą wersję siebie!

Rozdział 12: Podróż przebaczenia

Czy kiedykolwiek zastanawiałeś się, jak by to było **uwolnić** się od ciężarów przeszłości? Może próbujesz odnaleźć **spokój** w swoim życiu, ale wciąż czujesz, że coś trzyma cię w miejscu. W tym rozdziale zabiorę twoją duszę w nowe miejsce... miejsce, gdzie nauczysz się, jak być naprawdę **wolnym**.

Byłeś kiedyś w sytuacji, kiedy wiedziałeś, że powinieneś **przebaczyć**, ale po prostu nie mogłeś? Ja też się tak czułem. W tym rozdziale pokażę ci, jak zrozumieć, co tak naprawdę oznacza przebaczenie i jak je osiągnąć. Zagłębimy się w kilka kroków, które, moim zdaniem, pomogą ci przejść przez ten proces. Nie jest on łatwy, ale uwierz mi - jest niezwykle satysfakcjonujący.

A co gdybyś mógł **wybaczyć** sobie wszystkie błędy? Tak, o tym też pogadamy. Marzysz o wewnętrznym spokoju? To właśnie tego dla ciebie pragnę. A kiedy będziesz gotowy, wyobraź sobie, jak to jest iść dalej, zostawiając za sobą wszystko, co cię **obciąża**. Mam dla ciebie narzędzie, które naprawdę działa - osobisty list przebaczenia. Zaufaj mi, to może **odmienić** twoje życie.

Więc usiądź wygodnie i pozwól myślom swobodnie płynąć... Przeprowadzę cię przez tę **podróż** przebaczenia krok po kroku.

Zrozumienie istoty przebaczenia

Wiesz, czym jest **przebaczenie**? Z psychologicznego punktu widzenia, to decyzja, by przestać trzymać się uczucia gniewu lub urazy wobec kogoś, kto cię zranił. To nie jest usprawiedliwienie tego, co zrobił – i na pewno nie od razu prowadzi do pojednania. Pojednanie to odbudowanie relacji, która się załamała, ale przebaczenie nie zawsze do tego prowadzi. Czasem dwie osoby nigdy nie wrócą do stanu sprzed krzywdy. I to też jest okej.

Są etapy, przez które przechodzisz, gdy próbujesz przebaczyć. Na początku jest **ból** i **gniew**. Kiedy ktoś cię rani, naturalne jest, że chowasz te emocje. Złość to twój obrońca – pokazuje, że coś jest nie tak. Ale jeśli zostawisz tę złość na długo, ona cię zniszczy. Możesz czuć się samotny, opuszczony, niesprawiedliwie potraktowany.

Potem zaczynasz rozważać, czy możesz wybaczyć. To trudny moment, bo musisz stawić czoła negatywnym uczuciom i zastanowić się, czego naprawdę chcesz. Często bijesz się z myślami. Chcesz wybaczyć, ale jednocześnie nie jesteś w stanie odpuścić. Normalne jest, że czujesz się zagubiony.

Kiedy zaczynasz ważyć zalety i wady przebaczenia, pojawia się **nadzieja**. Możesz odkryć, że przebaczenie może ci przynieść ulgę. Uznanie, które prowadzi do przebaczenia, nie polega na zapomnieniu krzywdy, ale na uwolnieniu siebie od emocjonalnego bagażu. Krok po kroku, osiągasz zgodność wewnętrzną co do potrzeby przebaczenia.

Gdy już zdecydujesz, by przebaczyć, wchodzisz w fazę działania. Możesz chcieć znaleźć sposób, by pogadać z tą osobą, albo napisać list – nawet jeśli go nie wyślesz. Wszystko, co pomaga uciszyć konflikt wywołany przez utrzymujące się negatywne emocje. W końcu pojawia się **akceptacja** i ulga wynikająca z odpuszczenia. To piękne, ale wymaga czasu i wysiłku.

A co daje przebaczenie tobie, osobie wybaczającej? Dużo się mówi o korzyściach dla twojego zdrowia psychicznego i fizycznego. Mniej lęku, mniej depresji. Wyobraź sobie swój **umysł** jako pole pełne uporządkowanych myśli zamiast chaosu. Przebaczenie pozwala ci złapać oddech, dać jasność umysłu. Skutki widać wszędzie – lepsze relacje, poprawa jakości życia.

Emocjonalny balast, który zostawiasz za sobą, może ważyć tysiące ton. Gdy przestajesz go dźwigać, więcej miejsca zostaje na pozytywne emocje, spokój, radość. To jak zdejmowanie plecaka pełnego kamieni. Możesz wreszcie stać prosto i spojrzeć na świat z zupełnie nowej perspektywy. Kuszące, nie?

Zastanów się, jak często wracasz myślami do bolesnych **wspomnień** sprzed lat. Przez przebaczenie zmniejszasz ich moc. Już nie dominują twojego życia, myśli czy snów. Gdy uda ci się przebaczyć, poczujesz ulgę i spokój. Z czasem zobaczysz, że warto było przejść trudny proces przebaczenia, by odzyskać wolność i spokój ducha.

Spróbuj tego, daj sobie szansę. Twoje **zdrowie** psychiczne na pewno ci za to podziękuje. I tyle w tym temacie...

Cztery D Procesu Przebaczania

Czy wiesz, że istnieją pewne kroki, które mogą ułatwić spakowanie tego wszystkiego i **pożegnanie** się z przeszłością? Tak, mówimy o "Czterech D" procesu przebaczania: Zdecyduj, Pogłęb, Zrób i Pogłęb ponownie. Brzmi skomplikowanie? Tylko na pierwszy rzut oka. Zaraz wszystko stanie się jasne.

Punkt wyjścia to **decyzja**. Bez tego ani rusz. Po prostu musisz postanowić, że chcesz przebaczyć. Czy kiedykolwiek próbowałeś coś zmienić, a w głębi serca jeszcze trzymałeś na to urazę? Cel zerowy. Dlatego trzeba się zdecydować, że puścisz to wszystko wolno. Pamiętaj: decyzja to świadomy wybór. Gdy już wyraziłeś gotowość w sercu, połowa drogi za tobą.

Po decyzji przychodzi czas na **analizę**. Tu koncentrujesz się na zrozumieniu. Weź to, co się zdarzyło, jak się teraz czujesz, i zastanów się, co można z tym zrobić. Dla niektórych może to być jak otwieranie starej książki – trochę bolesne, trochę nostalgiczne. Ale tylko kiedy naprawdę zrozumiesz emocje, możesz je puścić. Bez tego kroku każde przebaczenie może być trochę powierzchowne.

A teraz – **działaj**! Podejmij kroki, które łagodzą różnice. Możesz to zrobić na różne sposoby. Pisanie przemówienia, rozmowa z kimś, kto cię zranił albo po prostu wypowiedzenie swoich uczuć na głos do lustra. Wszystko działa. To praktyczna część gdzie, no wiesz, naprawdę robisz coś z tym, co czujesz we wnętrzu.

Praktyczne narzędzie w tym momencie? "List Przebaczenia." Usiądź, weź kartkę papieru i napisz list. Możesz zacząć od: "Droga [osoba], przebaczam ci za..." Następnie, precyzyjnie określ, co cię zraniło i jak to na ciebie wpłynęło. Harmonii dodasz podpisując: "Z miłością i przebaczeniem, [twoje imię]." Nawet jeśli nigdy nie wyślesz tego listu, zapisanie tych słów potrafi przynieść wielką ulgę.

Na sam koniec, można to nazwać **powtórką**. A po co? Nawet jeśli myślisz, że skończyłeś, warto poświęcić chwilę na przemyślenie tego wszystkiego od nowa. Sprawdź, czy naprawdę puściłeś te stare bagaże. Możesz czuć ulgę, lekkość. Ale to przychodzi metodą prób i błędów. Bywa, że odkrywasz nowe blizny po drodze. Także pogłębianie ponownie, łączenie wszystkich punktów - pozwoli ci obejść wiele przeszkód przed tobą.

Te cztery etapy tworzą całość procesu **przebaczania**. Nawet jeśli każdy jest inny. Razem dają ci mapę – od decyzji aż do wniosku, gdzie możesz naprawdę uwolnić własne nagromadzone emocje.

Powodzenia z tym wszystkim. Może teraz wyda się jaśniejsze, co dodać do twojego życia, aby przez to naprawdę przebrnąć. Prawdziwe przebaczanie to trochę ciężka **praca**, ale jaka satysfakcja na końcu!

Dzięki temu prostemu przewodnikowi, może proces przebaczania - Zdecyduj, Pogłęb, Zrób i Pogłęb ponownie będzie miał więcej sensu w twoim codziennym życiu i pozwoli ci cieszyć się **wolnością**, na którą naprawdę zasługujesz.

Wybaczenie Sobie i Wewnętrzny Spokój

Wybaczanie sobie to **sztuka**, która mocno różni się od usprawiedliwiania siebie. Jedno to zrozumieć swoje błędy, a drugie to szukać wymówek. Wyjaśnię ci to na przykładzie – usprawiedliwianie siebie to szukanie wymówek, próbując udowodnić, że to nie twoja wina. Na przykład, mówisz sobie, że zachowałeś się tak a nie inaczej, bo ktoś cię sprowokował albo sytuacja wymusiła takie działanie. To nie o to chodzi. Wybaczanie sobie to przyjęcie na klatę tego, co się stało i powiedzenie sobie – okej, **popełniłem** błąd, ale to mnie nie definiuje. Chodzi o akceptację tego, że jesteś po prostu człowiekiem. Wszyscy się mylimy i to jest w porządku. Ważne, żeby się z tego uczyć, a nie rozdrapywać ran.

Samowspółczucie, o którym chcę ci teraz opowiedzieć, odgrywa tu kluczową rolę. Wyobraź to sobie jako obejmowanie siebie samego z troską. Wiesz, tak jak pocieszanie najlepszego kumpla. To jest powiedzenie sobie – tak, zrobiłeś coś złego, ale to nie znaczy, że jesteś zły. Myśl o sobie, jakbyś był swoim najlepszym ziomkiem. Czy naprawdę byś go tak ostro ocenił? Raczej nie. Czasem musisz po prostu trochę odpuścić sobie, ściszyć ten wewnętrzny głos krytyka i zamienić go na głos **wspierającego** przyjaciela. Mając samowspółczucie, łatwiej wybaczysz sobie i ruszysz dalej.

Znana psycholożka Kristin Neff gadała kiedyś o samowspółczuciu, mówiąc, że to jak traktowanie siebie z tą samą dobrocią, zrozumieniem i wsparciem, które dajesz innym, kiedy przeżywają ciężki czas. Praktykowanie samowspółczucia oznacza, że pozwalasz sobie na bycie niedoskonałym i starasz się tego nie dramatyzować.

To prowadzi nas do Rytuału Wybaczenia Sobie, który pomoże ci oczyścić **umysł** z samokrytyki. Krok po kroku:

• Zapisz swoje myśli: Na papierze lub w dzienniku zapisz, co cię dręczy. Już samo wyrzucenie tego z głowy może przynieść ulgę.

• Zastanów się nad tym, co możesz kontrolować: Zrób proste ćwiczenie – podziel kartkę na dwie kolumny. Po jednej stronie napisz rzeczy, na które masz wpływ, a po drugiej, rzeczy, na które nie masz.

• Powiedz "Przepraszam" sobie samemu na głos: Sfera dźwięku, kiedy naprawdę to wypowiadasz, ma mocne działanie. Pozwól sobie na emocje podczas tego momentu. Łzy? Spoko, to jest okej.

• Medytacja i spokojny oddech: Znajdź chwilę na głębokie, spokojne oddechy. Zacznij od trzech pełnych wdechów i wydechów. Poczujesz **spokój**, który się rozprasza po całym ciele.

I najważniejsze – Ćwicz regularnie. Tak, wymaga to czasem dużego **wysiłku**, innym razem mniej, ale jak wytrwasz, zobaczysz efekty. Wewnętrzny spokój i akceptacja przyjdą z czasem.

Cała ta filozofia polega na tym, żeby złagodzić sobie cierpienie, słuchając siebie bardziej **współczująco**, podchodząc do siebie ze zrozumieniem. No i właśnie – wybaczając sobie, uczysz się, jak żyć w równowadze ze swoimi błędami i niedoskonałościami. Sztuka wybaczania sobie to klucz do prawdziwej **wolności** emocjonalnej i wewnętrznego spokoju, na który tak bardzo zasługujesz.

Jak iść naprzód po przebaczeniu

No i co teraz? Przebaczając, czujesz **ulgę**. Ale jak sprawić, żeby to uczucie trwało i jednocześnie nie dać się ponownie skrzywdzić? Utrzymanie postawy przebaczającej wymaga pracy. Życie potrafi być zaskakujące. Zdarza się, że ponownie napotykasz te same osoby czy sytuacje, które cię zraniły.

Ważne jest, by nie pozwolić, żeby nowe krzywdy przesłoniły to, co już przebaczyłeś. Możesz ćwiczyć swoje reakcje na przyszłe zranienia. Wyobraź sobie sytuacje, kiedy ktoś próbuje cię zranić i zastanów się, jak możesz wtedy zareagować. Staraj się widzieć te osoby jako ludzi z ich własnymi problemami. To pomaga przechodzić przez życie w sposób bardziej wyważony.

Granice są kluczowe. Po przebaczeniu, nie oznacza to, że musisz być do dyspozycji tych, którzy cię skrzywdzili. Ustalaj swoje granice wyraźnie. Granica może być jak solidna ściana. To ochrona dla twojego serca i duszy. Mów jasno i bez skrupułów, czego nie tolerujesz. Podejmowanie konkretnych działań i stanowcza odmowa powracających negatywnych zachowań innych osób umożliwia ci życie pełne miłości i **szacunku**, zarówno do siebie, jak i do innych.

Granice pomagają w rozpoznawaniu, gdzie kończy się twoja odpowiedzialność, a zaczyna odpowiedzialność innych. Wydawanie się w niekończące się cykle wybaczania bez ustawiania granic — to jakby nieustanne nalewanie wody do dziurawego naczynia. Innymi słowy, potrzebujesz ram, w których możesz funkcjonować bez poczucia zagrożenia.

Kiedy myślisz o możliwościach **rozwoju**, warto wesprzeć się techniką „Wnioski wyciągnięte". Może i brzmi prosto, ale to potężne narzędzie. Każda rysa na naszym sercu może być lekcją. Jeśli zastanowisz się nad każdą sytuacją, znajdziesz tam coś, co możesz zabrać ze sobą w dalsze życie.

Przykład? Spójrz na kogoś, kto cię zranił. Zamiast skupić się na bólu, zastanów się, czego ta osoba cię nauczyła. Może chodzi o rozwijanie **cierpliwości** albo naukę dbania o własne granice.

Wydarzenia z przeszłości można traktować jako posłusznych nauczycieli. Przyszłe sytuacje dzięki temu staną się łatwiejsze do zarządzania, bo, co by nie mówić, zdobywasz bagaż nowych umiejętności.

Technika „Wnioski wyciągnięte" to nie tylko myślenie o przeszłości. To także wdrażanie wypracowanych strategii w codziennym życiu. Skoro już raz dostałeś poważną nauczkę, to teraz wiesz, jak uniknąć powtórki tego błędu, prawda? Przy każdej nadarzającej się okazji ucz się na własnych błędach. Tego nie powinniśmy bagatelizować.

Idąc naprzód po przebaczeniu, warto dbać o pewien ciągły proces **refleksji**. Wygospodaruj sobie momenty w ciągu dnia albo tygodnia na zastanawianie się. Czy trzymasz się swoich granic? Czy widzisz, jak dzięki przebaczeniu wzrosła twoja **odporność** na ponowne zranienia? To społeczność bliskich i świat, w którym żyjesz, powinny cię w tym wspierać.

Podsumowując, przebaczenie nie oznacza, że zapominasz. Oznacza, że rozwijasz się dzięki **doświadczeniom**. Wsłuchując się we własne uczucia i podejmując kroki w celu ochrony twojego wewnętrznego świata, idziesz naprzód, stając się silniejszym i szczęśliwszym. Prosta sprawa.

Praktyczne Ćwiczenie: List Przebaczenia

No to zaczynamy. Najpierw **wybierz** osobę lub sytuację, której chcesz przebaczyć. Może to być ktoś bliski, kumpel z pracy, albo nawet jakaś sprawa z przeszłości, która ciągle cię gryzie. Wybór może być oczywisty albo będziesz musiał trochę pogłówkować, ale pamiętaj, że to podstawa całego ćwiczenia.

Jak już masz swoją osobę czy sytuację, bierzemy się za **pisanie** listu. Bez zbędnych ceregieli, łap za kartkę i długopis albo otwórz plik na kompie. Pisz prosto z serca, opisując swoje emocje związane z tym, co cię zraniło. Wyrzucenie tego z siebie to klucz do uwolnienia się od tych uczuć. Nie musi być idealnie – ważne, żeby było szczere.

Teraz skup się na tym, jak ta sytuacja wpłynęła na twoje życie. Może przez to zrobiłeś się bardziej zamknięty w sobie, albo inaczej traktujesz ludzi. Uświadomienie sobie tego działa jak terapia i pomaga ogarnąć, dlaczego tak się czujesz.

Czas na **decyzję** o przebaczeniu, nawet jeśli ta osoba nigdy cię nie przeprosi albo się o tym nie dowie. Napisz w liście, że przebaczasz – bez oczekiwania na odzew czy reakcję. Przebaczenie to twoja wewnętrzna sprawa, robisz to dla siebie, nie dla kogoś innego. W tym momencie uwalniasz się, zrywając kajdany krzywdy.

Pomyśl też, czego się nauczyłeś dzięki tym **doświadczeniom**. Może odkryłeś coś nowego o sobie, stałeś się twardszy albo zrozumiałeś, jak ważne jest wybaczanie. Czasem nawet z najgorszych sytuacji może wyniknąć coś dobrego. Te lekcje są kluczowe w procesie przebaczania.

Kończąc list, powiedz, że chcesz się uwolnić od żalu, złości i innych negatywnych emocji. Możesz napisać coś w stylu: "Odpuszczam sobie tę krzywdę i idę dalej, bez dźwigania bagażu przeszłości." To jak zamknięcie długiego rozdziału w twoim życiu.

Na koniec zdecyduj, co zrobić z listem. Nie musisz go **wysyłać**. Możesz zrobić swój własny rytuał uwolnienia – spalenie listu działa super symbolicznie. Ogień potrafi zniszczyć to, co złe, robiąc miejsce na nowe, lepsze rzeczy w twoim życiu.

Czasem to proste ćwiczenie, ta chwila refleksji i uwolnienia to właśnie to, czego potrzebujesz, żeby poczuć się lepiej, lżej, swobodniej. A teraz masz szansę zacząć ten proces i zobaczyć, jak

przebaczenie może zmienić twoje życie na lepsze. Po co czekać, skoro możesz poczuć ulgę już teraz?

Podsumowując

W tej części książki dowiedziałeś się wielu **istotnych** rzeczy na temat wybaczania i wewnętrznego **spokoju**. Nauczone techniki, przemyślenia i ćwiczenia mogą ci pomóc w codziennym życiu oraz w radzeniu sobie z **emocjami**. Oto kluczowe sprawy omówione w tym rozdziale:

• Czym jest wybaczanie i jak różni się od pojednania czy usprawiedliwienia.

• Jakie są etapy wybaczania i jakie emocjonalne procesy towarzyszą każdemu z nich.

• Jakie **korzyści** przynosi wybaczanie, przede wszystkim osobie wybaczającej, w kontekście zdrowia psychicznego.

• Czym jest ramka "Cztery D" wybaczania: Decyzja, Zgłębianie, **Działanie** i Ponowne Zgłębianie.

• Jak ważne jest wybaczanie sobie i jak samo-akceptacja i **współczucie** wpływają na ten proces.

Zastosowanie mechanizmów i technik omawianych w tej części pozwoli ci zbudować lepsze **relacje** z otaczającymi cię ludźmi, a także zapewnić sobie wewnętrzny spokój. Pamiętaj, że wybaczanie to dar, który dajesz sobie. Zacznij wynosić nawyki z tej książki na co dzień, a zobaczysz pozytywne **zmiany** w swoim życiu. Jesteś zdolny do wielkich rzeczy, korzystając ze zdobytej wiedzy!

Rozdział 13: Przyjmowanie perspektywy dla emocjonalnej wolności

Czy kiedykolwiek **zastanawiałeś** się, jak to jest naprawdę **zrozumieć** drugą osobę? I nie mówię tylko o powierzchownym rozumieniu, ale o naprawdę głębokim pojmowaniu, jakbyś nosił ich buty. Ja też zadawałem sobie to pytanie.

Ten rozdział to twoje **zaproszenie**, by sposobem patrzenia zmieniać swoje **emocje**. Zamierzam pokazać ci, jak rozwijanie **empatii** może pozytywnie wpłynąć na twoje codzienne relacje. Może brzmi to trochę abstrakcyjnie, ale poczekaj chwilkę. Jak by to było, gdybyś w **konfliktach** zamiast rozdrażnienia czuł zrozumienie? Jestem pewien, że chcesz dowiedzieć się więcej.

Tutaj znajdziesz praktyczne ćwiczenia, które pomogą ci w zmianie twojej **perspektywy**. Będziesz zaskoczony, jak łatwo można poczuć się mniej sfrustrowanym, lepiej rozumieć innych, a przede wszystkim wzmocnić swoją inteligencję emocjonalną. Często wydaje się, że jesteś uwięziony we własnych myślach i uczuciach, ale zmiana punktu widzenia potrafi zdziałać cuda.

I tak, mówię tutaj z **doświadczenia**. Kiedy zacząłem, nie sądziłem, że coś tak prostego jak zmiana perspektywy może uczynić mnie wolniejszym emocjonalnie. Wierzę, że tego samego doświadczysz.

Czujesz się zaintrygowany? No to ruszajmy na przygodę po emocjonalną wolność!

Rozwijanie Empatii i Zrozumienia

Czym właściwie jest **empatia** poznawcza i emocjonalna? Brzmi poważnie, ale nie jest to aż takie skomplikowane. Empatia poznawcza to umiejętność zrozumienia, co ktoś czuje i myśli. Można to porównać do czytania w myślach, ale nie na poziomie seriali sci-fi. Gdy czytasz książki, które wchodzą w skórę różnych postaci, wyobrażasz sobie, co przeżywają, przez co przechodzą. Ważne, byś nie oceniał, ale po prostu rozumiał — poznawczo uchwycił.

A emocjonalna? To jest ten moment, gdy łza ci się kręci w oku podczas wzruszającego filmu lub gdy czujesz **radość** na wieść o sukcesie kumpla. To zdolność odczuwania razem z innymi, angażowania się emocjonalnie w ich sytuacje. Trochę jak przeżywanie rollercoastera emocji, nie z własnego życia, ale z doświadczeń osób wokół.

Gdy rozwijasz empatię, coś magicznego dzieje się z twoim **stresem**. Gdy skupiasz się na zrozumieniu i uczuciach innych, automatycznie mniej zamartwiasz się sobą. Przestajesz rozpamiętywać błędy z przeszłości. A twoje relacje? Nagle stają się głębsze. Ludzie doceniają, że ktoś ich rozumie. Daje to ogromne wsparcie. I ty też na tym zyskujesz.

Jak więc praktykować empatię? **Aktywne słuchanie** to podstawa. Siedź, patrz w oczy rozmówcy, kiwaj głową. Nie przerywaj — pozwól mu gadać. Główne umiejętności? Uważność, feedback, ptasie echo. To proste, ale działa. Gdy twój kumpel opowiada, co go dręczy, powtarzasz ("Kumam, że byłeś zestresowany, gdy..." itp.). W ten sposób pokazujesz, że naprawdę go słuchasz.

No i praktyka. Zanurzaj się w książkach, oglądaj **filmy** pełne emocji. Gadaj, pytaj, bądź ciekawy ludzi. Postaraj się zobaczyć świat ich oczami.

Kształtowanie empatii to proces, który możesz rozwijać na co dzień. I nie chodzi tylko o wielkie gesty, ale o te małe — uścisk, telefon do kogoś w potrzebie, ciepłe słowo.

Podobnie jak z każdą inną umiejętnością, praktyka czyni mistrza. Ale dobra wiadomość? Twoje **wysiłki** będą zauważalne nie tylko przez innych, ale przede wszystkim przez ciebie. Lepiej zrozumiesz siebie, a twój wewnętrzny świat stanie się spokojniejszy... Tak, **spokój** to klucz do radości życia.

Więc ruszaj przed siebie, rozwijaj tę empatię i patrz, jak twoje **relacje** kwitną. Przekonasz się, ile możesz zyskać, po prostu... słuchając i czując.

Zmiana perspektyw w konfliktach

Czasami, gdy masz **spór**, najtrudniej jest zobaczyć to z innej strony. No właśnie, to takie trudne! Ale istnieje narzędzie, które może ci pomóc. Nazywa się poznawcza reinterpretacja. To brzmi skomplikowanie, ale jest naprawdę proste. Chodzi o to, żeby patrzeć na sytuację w inny sposób, próbować nadać jej nowe znaczenie. Może to być super użyteczne w rozwiązywaniu **konfliktów**.

Wyobraź sobie, że ktoś skrytykował twoją pracę i czujesz się zraniony. Normalnie mogłoby się wydawać, że ta osoba jest przeciwko tobie. Ale co jeśli jej intencją było pomóc ci ulepszyć twoją robotę? Zamiast odbierać to personalnie, możesz pomyśleć: "Ta osoba chce pomóc mi się rozwijać." Taka zmiana **perspektywy** może złagodzić napięcia i uczynić rozmowę bardziej konstruktywną.

Przyjęcie różnych perspektyw naprawdę może otworzyć oczy na różne możliwości w rozwiązaniu problemów. Kiedy potrafisz spojrzeć na konflikt z wielu stron, łatwiej jest znaleźć kreatywne **rozwiązanie**. Znajdujesz się mniej więcej na takim etapie, kiedy zrozumiesz, że nie tylko ty masz swoje zdanie i uczucia w danej sytuacji. Inne osoby też mają swoje przemyślenia, swoje powody, swoje potrzeby. Dlatego warto wziąć je pod uwagę.

A jak się za to zabrać? Jedną z technik może być "Rotacja Perspektyw". To proste ćwiczenie, które może pomóc ci systematycznie przejrzeć różne punkty widzenia.

• Zaczynasz od swojego punktu widzenia. Dokładnie opisujesz, co czujesz, jakie są twoje przemyślenia i dlaczego tak się czujesz.

• Następnie próbujesz wczuć się w osobę, z którą masz konflikt. Co ona myśli? Co czuje? Jakie ma motywacje?

• No i teraz patrzysz na to z neutralnej perspektywy, jakbyś był trzecim obserwatorem. Co taka osoba widzi? Jak by mogła zinterpretować ten konflikt?

Kiedy eksplorujesz te różne punkty widzenia, możesz znaleźć rozwiązania, które wcześniej wydawały się niemożliwe do osiągnięcia. Możesz zacząć rozumieć, że może problem nie jest tak wielki, jak się wydawało. Może znaleźć wspólną płaszczyznę, której wcześniej nie widziałeś.

Każdy ma swoje racje i swoje **uczucia**, i wszyscy chcą być zrozumiani. Czasami jeden prosty akt zauważenia innej osoby i zrozumienia jej punktu widzenia może znacząco zmienić dynamikę konfliktu.

Wchodząc w czyjeś buty to jak patrzenie z nowego kąta – nagle zrozumiesz, że droga, która wydawała się dołująca, może prowadzić do **zgody**. Tak po prostu zmiana spojrzenia może przynieść dużo pokoju w czasie spięć.

Więc, rotacja perspektyw. Zatop się w różne role, odgrywaj je jak w teatrze, ale wszystko w ramach jednego, prościutkiego ćwiczenia. To nie tylko ułatwi zarządzanie konfliktami, lecz także pomoże poszerzyć twoje **horyzonty**. Nagle to, co wydawało się czarno-białe, zaczyna nabierać kolorów.

Spróbuj to kiedyś. Zobaczysz, jak wiele może zmienić się, gdy zaczniesz patrzeć na sytuacje z różnych perspektyw. Czasami to mogą być małe kroki, ale zaskakuje, jak dużo mogą one zmienić w naszych codziennych **relacjach**.

Redukcja urazy poprzez zmianę perspektywy

Czy zastanawiałeś się kiedyś, jak zmiana **perspektywy** może wpłynąć na twoje emocje? Spojrzenie na problem z innego punktu widzenia może naprawdę pomóc w przypadku **urazy**. Gdy spojrzysz na sytuację oczami kogoś innego, wszystko może się zmienić.

Pomyśl, jak często oceniasz innych, zanim spróbujesz zrozumieć ich zachowanie. Często sięgamy po **ocenę**, bo mamy tendencję do popełniania podstawowego błędu atrybucji. Prowadzi to do przypisywania cudzych działań ich cechom osobistym, a nie sytuacji, w której się znaleźli.

Wyobraź sobie: ktoś trąca cię łokciem w tłumie. Od razu myślisz, że jest **niegrzeczny**. Ale może miał po prostu ciężki dzień w pracy, spieszył się, albo miał inne problemy? Takie rzeczy się zdarzają! Spróbuj teraz spojrzeć na to chłodnym okiem. Czy nie czujesz się lepiej, gdy myślisz o tym w ten sposób?

Podstawowy błąd atrybucji opiera się na naszej skłonności do szybkiego **osądzania** innych. Warto być tego świadomym i starać się go unikać.

Spróbuj codziennego ćwiczenia pod nazwą "Życzliwa interpretacja". Zasada jest prosta - zakładaj dobre **intencje** u innych ludzi. Kiedy ktoś zachowuje się denerwująco, pomyśl, że ma ku temu powód - tak jak ty byś miał w podobnej sytuacji. Może twój kolega spóźnił się na spotkanie, ale pomyśl raczej, że utknął w korku lub miał problem z dziećmi. To pomaga zmniejszyć intensywność **gniewu** lub urazy.

Poświęć też czas na **autorefleksję**. Idź na spacer lub po prostu przyjrzyj się swoim myślom. Czasem warto dać sobie chwilę na zastanowienie się nad swoimi reakcjami i emocjami.

Pamiętaj, że zmiana perspektywy to **umiejętność**, którą możesz rozwijać. Im więcej ją ćwiczysz, tym łatwiej będzie ci zrozumieć innych i radzić sobie z trudnymi emocjami. Bądź cierpliwy dla siebie i innych - to klucz do redukcji urazy i budowania lepszych relacji.

Rozwijanie inteligencji emocjonalnej

Patrzenie z perspektywy innych osób to w gruncie rzeczy **otwieranie** szerszego obrazu rzeczywistości. Pomaga ci zrozumieć, dlaczego ludzie zachowują się w konkretny sposób. Nie chodzi tylko o intencje, ale też **emocje** i doświadczenia, które na to wpływają. Gdy potrafisz postawić się w czyjeś buty, lepiej rozumiesz konflikty i problemy. Co ważniejsze – masz szansę na budowanie głębszych i bardziej autentycznych **relacji**.

Poznanie społeczne to zdolność do interpretacji myśli, emocji i intencji innych osób. To znajomość tych niepisanych zasad gry społecznej. Kiedy masz z tym problem, ciężko radzić sobie z konfliktami czy choćby umiarkowanymi nieporozumieniami. Bo nie wystarczy wiedzieć, co ktoś powiedział – ważne, dlaczego to powiedział. W takiej sytuacji każdy ruch nabiera nowego znaczenia.

Teraz przejdźmy do techniki "Mapowanie Emocji". Pomaga **zrozumieć**, co i dlaczego ktoś czuje. Wyobraź sobie mapę z oznaczonymi na niej różnymi stanami uczuciowymi. Tworząc taką mapę dla konkretnej osoby, zaczynasz lepiej rozumieć ich podejście. Łatwe, nie? No dobra – to może wymagać trochę praktyki.

Mapowanie Emocji polega na zidentyfikowaniu emocji, które najmocniej wpływają na zachowanie danej osoby – i to nie tylko w jednym momencie, ale w szerszym kontekście ich życia. Na przykład, jeśli twój kumpel Janek jest ostatnio marudny i nieufny, znajdź możliwe powody na jego mapie emocji: może to ostatnia kłótnia z partnerką lub presja w robocie. Robisz to nie tylko dla niego, ale też dla siebie. Twoje rozumienie się poprawia i nagle widzisz różne kolory sytuacji, które wcześniej były jednolicie szare.

Gdy spojrzysz na emocje innych osób, łatwiej ci będzie nawiązać z nimi **kontakt**. Patrzysz na nie – i zaczynasz rozumieć te ukryte części ich myśli oraz intencji. Nie oceniasz ich autorytarnie "kim są", tylko widzisz, skąd się naprawdę biorą ich uczucia i jak im pomóc. W końcu, **empatia** to podstawowy składnik inteligencji emocjonalnej, a umiejętność spojrzenia z czyjegoś punktu widzenia przemienia cię z automatu.

Więc następnym razem, gdy wyzwoli się emocjonalne spięcie – nie analizuj tylko, czym ktoś zawinił. Pomyśl, jakie emocje za tym stoją... rozpracuj ich mapę emocjonalną. Zobaczysz, że nie chodzi tu o bycie super-psychologiem. Czasem wystarczy prosty gest lub słowo zapowiadające **zrozumienie**, by przejść od walk do rozmowy z drugą osobą. Praktyczne i łatwo dostępne, co?

To jakby odkryć składniki przepisu na harmonię w relacjach. Wyławiamy to, co najważniejsze i dostrzegamy prawdę w emocjonalnym krajobrazie. Tak, niby proste mapowanie emocji... ale daje rezultaty. Przynajmniej zwiększa twoje szanse na zrozumienie i zdrowie **psychiczne** innych, a to jest bezcenne.

Ćwiczenie praktyczne: Zmiana perspektywy

Masz **konflikt** lub nieporozumienie w swoim życiu? Oto jak możesz zmienić perspektywę i znaleźć rozwiązanie:

Najpierw **zidentyfikuj** problem, który cię dręczy. Może to być kłótnia z bliską osobą lub niesnaski w pracy. Nieważne co wybierzesz, ważne, żebyś naprawdę tego doświadczył.

Teraz **zapisz** swoją perspektywę sytuacji. Jak się czujesz? Sfrustrowany? Smutny? Podrażniony? Pisząc o swoich **uczuciach** i założeniach, lepiej zrozumiesz swoją stronę historii. Może odkryjesz, że miałeś konkretne oczekiwania.

Następnie wyobraź sobie, że jesteś drugą osobą zaangażowaną w konflikt. Wejdź w jej buty. Jak byś się czuł na jej miejscu? Co ona mogła myśleć? Baw się w mały aktorski eksperyment - niech ona opowie swoją historię. Może **odkryjesz** coś nowego.

Teraz spójrz na sytuację oczami neutralnej trzeciej strony. Wyobraź sobie, że oglądasz scenkę z boku. Jak to wygląda z zewnątrz? Ta neutralna perspektywa może pomóc ci oderwać się od emocji i zobaczyć rzeczy obiektywnie.

Czas na **refleksję**. Co nowego zrozumiałeś dzięki tym różnym punktom widzenia? Czy coś cię zaskoczyło? Może uczucia drugiej osoby okazały się bardziej skomplikowane?

Teraz **zidentyfikuj** potencjalne rozwiązania, które uwzględnią obawy ze wszystkich perspektyw. Jak możesz podejść do konfliktu, mając na uwadze i swoje uczucia, i drugą stronę? Wymyśl kilka fair rozwiązań. Pamiętaj, kompromis to nie słabość, a mądrość.

Na koniec opracuj **plan działania**. Jak zamierzasz porozmawiać z drugą osobą? Może pisemne porozumienie albo szczera rozmowa? Z takim planem jesteś gotowy stawić czoła sytuacji.

Kluczem do tego ćwiczenia jest uczciwość wobec siebie i otwartość na różne punkty widzenia. Choć może to zająć trochę czasu, warto. Czasem trzeba się cofnąć o krok, żeby zrobić dwa do przodu. Spróbuj tej zmiany perspektywy - możesz zyskać nie tylko nowe rozumienie sytuacji, ale też siebie i innych. Przygotuj się na to, że staniesz się bardziej empatyczny i skuteczny w swoich relacjach.

Podsumowując

W tej części odkryliśmy, jak **ważne** jest patrzenie z różnej perspektywy, by lepiej zrozumieć siebie i innych. Zdobywanie **umiejętności** empatii i przestawiania własnych punktów widzenia pomaga w budowaniu lepszych **relacji** oraz radzeniu sobie z konfliktami w sposób bardziej spokojny i konstruktywny.

Zauważyłeś różnicę między empatią kognitywną a emocjonalną i ich znaczenie dla lepszego porozumienia z innymi. Omówiliśmy, jak rozwijanie **empatii** może zmniejszać stres i poprawiać relacje międzyludzkie. Przećwiczyłeś aktywne **słuchanie** jako podstawową umiejętność pomocną w empatii i patrzeniu z różnej perspektywy.

Nauczyłeś się przydatnej techniki "Rotacji Perspektyw" do systematycznego analizowania różnych punktów **widzenia** w konflikcie. Dowiedziałeś się, że szerokie spojrzenie na sytuację może osłabić negatywne emocje, takie jak uraza.

Mam nadzieję, że zdobytą **wiedzę** o perspektywie wykorzystasz na co dzień, aby osiągnąć większą zrozumiałość i harmonię w swoich relacjach. Praktykuj empatię i czynne słuchanie, zwracaj uwagę na różne punkty widzenia, a Twoje życie pełne będzie bardziej wartościowych, zrozumiałych i łagodniejszych **interakcji**.

Na zakończenie

Książka "The Power of Letting Go: 7 Effective Techniques on How to Stop Overthinking the Past, Heal Emotional Wounds, and (Finally) Enjoy the Freedom You Deserve, without Ruminating" ma Ci pomóc **przekształcić** Twoje przeżycia emocjonalne i umysłowe w ścieżkę do wolności. Chodzi o przejście od obciążającego bagażu przeszłości do stanu **harmonii** w teraźniejszości, uwalniającego Cię od niekończącego się **ruminowania**.

Przypomnijmy sobie najważniejsze elementy tej podróży. W pierwszym rozdziale omówiłem podstawy puszczania przeszłości, w tym aspekty psychologiczne i wzorce przywiązania. Dowiedziałeś się, jak emocje odgrywają kluczową rolę w procesie uwalniania. Drugi rozdział to podstawy emocjonalnego **uzdrawiania**, czyli jak świadomość siebie i doświadczenia kształtują naszą rzeczywistość, a także rola odporności psychicznej i związku umysł-ciało. W trzecim rozdziale zająłem się dychotomią kontroli – rozróżnianiem między tym, co możesz kontrolować, a tym, co musisz zaakceptować.

Następnie, czwarty rozdział skupił się na bezosądowym **obserwowaniu**, co pozwala na zmniejszenie stresu i lepszą regulację emocjonalną. Piąty rozdział wprowadził pojęcie samodystansowania, co pomaga w redukcji intensywności emocjonalnej. W szóstym rozdziale przeanalizowaliśmy negatywne myślenie i sposoby na stworzenie bardziej pozytywnego podejścia. Siódmy rozdział zajął się rozwojowym podejściem do zmiany, podkreślając znaczenie elastycznego myślenia w kontekście trudnych wyzwań.

Ósmy rozdział rozplątał mechanizmy wewnętrznego krytyka i przedstawił techniki radzenia sobie z negatywnym dialogiem. W dziewiątym rozdziale dowiedziałeś się, jak przejść od perfekcjonizmu do doskonałości, a dziesiąty wprowadził koncepcję **nieprzywiązania**, co pozwala na akceptację zmian i rzeczywistości taką, jaka jest. Jedenasty rozdział pomógł w przepisywaniu negatywnych **scenariuszy**, zaś dwunasty skupił się na procesie przebaczania, a ostatecznie trzynasty na rozszerzeniu perspektywy, co pozwala na zdolność lepszego zrozumienia innych i siebie.

Kiedy zastosujesz wszystkie zasady przedstawione w tej książce, Twoje życie stanie się bardziej **zrównoważone**, spokojne i pełne wdzięczności. Zrozumiesz, że Twoje przeszłe doświadczenia to nie przeszkody, ale drogowskazy, które skierowały Cię do miejsca, w którym znajdujesz się teraz. Nadejdzie czas wolności od ruminacji, otwartości na nowe możliwości i rozwijającej się **świadomości**.

Zapraszam Cię do kontynuowania swojej ścieżki samorozwoju i szukania dodatkowego wsparcia.

Więcej informacji znajdziesz tutaj:

https://pxl.to/LoganMind

Inne książki

Czy kiedykolwiek zastanawiałeś się, jak **kompleksowość emocjonalnych aspektów** twojego życia może wpływać na kondycję twojego umysłu i ciała? **Praca** nad swoim samopoczuciem to nie tylko kwestia przeczytania jednej książki. To **ciągła podróż**, a dostęp do różnorodnych, ale powiązanych tematów może znacząco wzbogacić twoje doświadczenia. Pełny obraz warto uzupełnić innymi lekturami, które skupiają się na pokrewnych aspektach zdrowia emocjonalnego.

Pisząc to, jestem pełen nadziei, że książki, które już wydałem, oraz te nadchodzące, pomogą ci jeszcze głębiej **zgłębić** różne aspekty emocji i zdrowia psychicznego.

"Emocjonalna Zwinność" to idealna pozycja, by nauczyć się, jak **przystosowywać się** do zmieniających się okoliczności, radzić sobie ze stresem i odnaleźć pewność w każdej sytuacji.

"Wypalenie Emocjonalne" zawiera cenne wskazówki, jak **uniknąć wypalenia** poprzez właściwe zarządzanie swoimi zasobami emocjonalnymi i odpowiednią regenerację.

"Stabilność Emocjonalna" to klucz do zrozumienia, jak **utrzymywać wewnętrzny spokój** nawet w najtrudniejszych momentach życia.

Łącząc te tematy, twoje nowo nabyte umiejętności wyniosą twoje życie na **zupełnie nowy poziom**, dodając mu harmonii i równowagi.

Jeśli chcesz dowiedzieć się więcej i pójść dalej w tej podróży, zajrzyj na poniższy link. Kliknij przycisk "Wszystkie Moje

Książki", przewiń do tych, które cię interesują. Aby się ze mną skontaktować, znajdziesz wszystkie dane na końcu podanej strony.

Sprawdź wszystkie moje książki i dane kontaktowe tutaj:

https://pxl.to/LoganMind

Pomocy!

Twoje **wsparcie** niezależnego autora to realizacja marzenia.

Jeśli jesteś **zadowolony** z książki, zostaw **szczerą opinię**, klikając w poniższy link. Masz jakieś **pomysły** na ulepszenia? Wyślij mi maila na adres, który znajdziesz pod tym linkiem.

Możesz też zeskanować kod QR i odnaleźć link po wybraniu książki.

To zajmie Ci tylko **chwilkę**, ale Twój głos ma **ogromne znaczenie**.

Twoja opinia jest na **wagę złota**. Nie **krępuj się** podzielić swoimi przemyśleniami!

Kliknij tutaj, żeby zostawić opinię:

https://pxl.to/7-tpolg-lm-review

Dołącz do mojego Zespołu Recenzentów!

Jestem niezmiernie **wdzięczny**, że czytasz moją książkę. Twoja **opinia** naprawdę się liczy! Jeśli jesteś zapalonym **czytelnikiem**, chciałbym Cię serdecznie zaprosić do dołączenia do mojego **Zespołu Recenzentów** (ARC).

Dołączenie jest banalnie proste:

- Kliknij na link lub zeskanuj kod QR.

- Kliknij na **okładkę** książki na otwartej stronie.

- Naciśnij "Join Review Team".

- Zarejestruj się w BookSprout.

- Będziesz dostawać **powiadomienia** za każdym razem, gdy wydam nową **książkę**.

Masz ochotę zostać częścią mojego **zespołu**? Sprawdź szczegóły tutaj:

https://pxl.to/loganmindteam

No to jak, wchodzisz w to? Czekam na Ciebie!

www.ingramcontent.com/pod-product-compliance
Lightning Source LLC
Chambersburg PA
CBHW050246120526
44590CB00016B/2238